푸드 초이스

푸드 초이스

이 음식, 정말 내가 고른 걸까?

초판 1쇄 펴낸날 | 2020년 5월 15일
초판 2쇄 펴낸날 | 2021년 5월 20일

지은이 | 최홍규
펴낸이 | 류수노
펴낸곳 | (사)한국방송통신대학교출판문화원
　　　　03088 서울시 종로구 이화장길 54
　　　　대표전화 1644-1232
　　　　팩스 02-741-4570
　　　　홈페이지 http://press.knou.ac.kr
　　　　출판등록 1982년 6월 7일 제1-491호

출판위원장 | 백삼균
편집 | 김준영
본문 디자인 | 티디디자인
표지 디자인 | 김민정

ⓒ 최홍규, 2020
ISBN 978-89-20-03724-5　03330

값 15,000원

이 도서의 국립중앙도서관 출판예정도서목록(CIP)은 서지정보유통지원시스템 홈페이지(http://seoji.nl.go.kr)와
국가자료종합목록 구축시스템(http://kolis-net.nl.go.kr)에서 이용하실 수 있습니다. (CIP제어번호 : CIP2020017240)

푸드 초이스

최홍규 지음

이 음식, 정말 내가 고른 걸까?

지식의날개

일러두기

* 이 책에서는 '음식', '먹을거리', '푸드' 간에 의미의 차이를 두지 않았습니다.
* 출처 표시가 없는 사진은 픽사베이(pixabay.com)에서 상업적 용도로 사용할 수 있고 출처를 밝히지 않아도 되는 것을 사용했음을 밝힙니다.

시작하는 글

우리는 어떠한 상품을 선택할 때 항상 자발적인 의지로 그 상품을 선택한다고 생각하는 경향이 있다. 음식도 예외는 아니다. 옷이나 가구, 액세서리 등은 그렇다고 치더라도 '먹는' 행동만큼은 내 마음이 가는 대로 하고 그에 따라 먹고 싶은 것을 선택한다고 믿는다. 하지만 정말 그럴까?

대형마트의 계산대 앞에는 대개 캐릭터 장난감이나 캐릭터가 그려진 과자·사탕류의 상품이 진열되어 있다. 이런 상품 앞에서 부모에게 사 달라고 조르는 아이를 우리는 쉽게 발견할 수 있다. 매장에서 장을 볼 때는 눈에 띄지 않던 캐릭터 사탕, 캐러멜, 과자 들이 정작 계산대에서 줄을 서기다릴 때 잘 보이기 일쑤라 이를 발견한 아이가 떼쓰게 만든다. 아이는 앞사람의 물건이 계산대 컨베이어 벨트 위에서 밀려 가는 동안 떼를 쓰며 결국 원하는 것을 얻어 낸다.

요즘은 똑같은 상황이 약국에서도 자주 발생한다. 약국의 계산대 옆에도 아이에게 친근한 갖가지 캐릭터 상품이 진열된다. 이 상품은 아이가 좋아하는 캐릭터가 그려진 비타민제나 영양제 같은 것이다. 대형마트와 마찬가지로 아이는 처방전을 건네주고 계산하는 그 짧은 시간 동안 조르기를 멈추지 않는다. 부모는 병원에서 처방받은 약뿐만 아니라 이 캐릭터 비타민제와 영양제를 사며 예상한 약값보다 더 쓰고 만다.

정작 떼쓰던 아이가 관심을 보이는 것은 포장지 안의 과자나 사탕이 아니다. 그것에 포함된 로봇, 자동차, 인형, 팽이, 권총 등의 장난감이다(함께 동봉된 장난감이 없다면 캐릭터가 그려진 포장지에만 관심을 가지고 졸랐던 것일 수도 있다). 대개 이런 아이는 막상 과자나 사탕을 사고 나면 내용물은 쏙 빼놓은 채 장난감만 가지고 놀기 마련이다.

이번에는 부모에게 시선을 돌려 보자. 음료를 사러 편의점에 들른 부모는 무엇을 마실까 고민하며 음료 진열대를 둘러본다. 잘생긴 연예인이 광고하는 콜라도 좋지만 건강도 신경 써야 하니 V라인 얼굴의 연예인 광고가 강렬한 인상을 남긴 옥수수수염 음료를 고른다.

한 손에 음료 페트병을 들고 집으로 걸어가는 길. 재래 시장에서 갖가지 채소를 늘어놓고 파는 할머니를 보고 살 것이 있는지 살펴본다. 각종 채소 틈바구니에서 눈에 띄는 옥수수수염을 보니 너저분한 동물 털처럼 생겼다는 생각만 든다.

여기까지 봤을 때 과연 아이와 부모는 먹고 싶은 것을 자기 뜻대로 '선택'한 것일까?

아이는 과자를 선택한 것이 아니라 캐릭터를 선택한 것이다. 엄마 역시 옥수수수염 음료를 선택했다기보다는 V라인 미모를 선택했다고 보는 편이 맞겠다. 아이나 어른이나 자신의 의지대로 음식을 선택한 것은 아니다.

이처럼 우리는 혀로 느껴야 할 음식을 정작 보여지고 느껴지는 이미지에 의지해 선택하는 경우가 많다.

요즘의 우리는 하루에도 수십 번씩, 아니 수백 번씩 스마트폰을 만지작거린다. 먹을거리도 미디어와 커뮤니케이션 설득의 전략과 결합해 그 이미지를 바꿔 가면서 우리에게 선택해 달라고 손짓한다.

미디어에는 연일 새로운 먹을거리 상품이 소개되고, 쇼핑 호스트의 달변은 소비자의 구매욕을 더욱 자극한다. 소파에 앉아 홈쇼핑 채널을 틀어 보자. 당장 통닭을 배달해 준다고도 하고 자연산 굴비가 시중에 판매되는 것보다 맛있다고 호언장담한다. 스마트폰 애플리케이션으로 바로 먹을거리를 배달 주문할 수도 있다. 길을 걷다가 출출할 때 주변 맛집을 검색하면 이 길에서 제일 맛있는 레스토랑이 작은 화면에 나타난다.

국민 대부분이 스마트폰으로 인터넷에 접속하고 미디어 중독이라는 용어까지 일반화되고 있는 요즘은, 이처럼 음식 하나를 선택하는 데도 다양한 정보를 접하게 된다. 문제는 음식의 맛보다 이미지가 이 정보의 대부분을 차지한다는 것이다. 영양과 맛을 소개하기도 하지만 미디어를 통해 영양과 맛을 체험하기는 힘들다. 이미지만 느낄 뿐이다.

이 책에서는 미디어와 정보의 홍수로 정신 차리기 힘든 요즘 음식, 즉 먹을거리를 중심으로 조성되는 미디어와 커뮤니케이션 환경에 대해 소개해 보고자 한다.

책은 총 여섯 개의 파트로 구성했다. 유명인, 스토리텔링, 캐릭터의 포장지, 신화, 시간·장소·상황, 빅데이터 등을 통해 먹을거리에 대한 선택, 구매, 판매, 홍보 등의 양상들을 살펴본 것이다. 우리는 대체 어떠한 것들에 영향을 받아 먹을거리를 먹고, 또한 그 먹을거리에 대해 어떻게 느끼고 있을까?

누구나 재미있게 읽을 수 있도록 최대한 쉽고 단순하게 구성해 보았다. 세부 정보가 필요한 독자들을 위해 책 끝에 주를 달아 참고자료를 찾아볼 수 있도록 했다. 음식에 관한 미디어·커뮤니케이션 전략은 우리 일상에 퍼져 있어 쉽게 발견할 수 있다. 이 책에서 쉽고 단순한, 그리고 재미있는 이야기를 발견할수록 우리는 그 이면에 숨겨진 전략을 더 재미있게 읽고 실생활에서도 찾아볼 수 있다.

차례

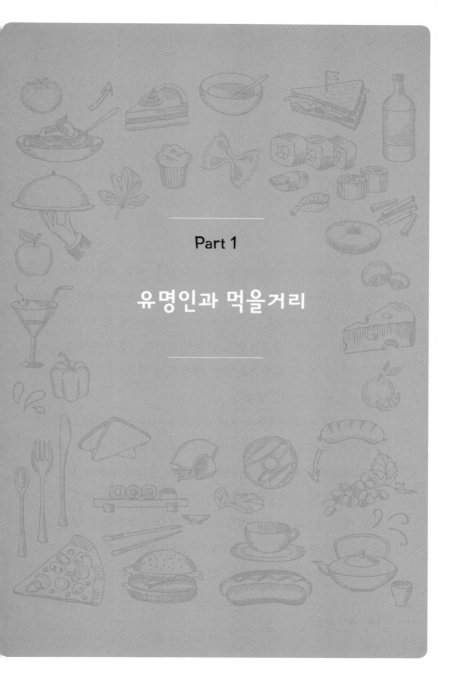

Part 1

유명인과 먹을거리

출구 없는 욕망의 삼각형

우리는 때로 무엇인가를 닮고 싶어 한다. 어릴 적부터 부모님이나 좋아하는 선생님, 역사 속 위인이나 친구, 연예인까지, 닮고 싶은 사람은 다양하다. 누군가를 좋아하고 닮고자 할 때 우리는 어떠한가. 바로 그 닮고자 하는 사람의 외모를 비롯하여 태도, 습관, 성과 등 일거수일투족을 닮고 싶어 하지 않은가? (그런데 바람처럼 되는 일이 쉽지만은 않다.)

프랑스의 사회인류학자 르네 지라르René Girard는 이렇게 사람이 누군가를 닮고자 하는 욕망을 이론적으로 설명했다. 이른바 욕망의 삼각형désir triangulaire 이론이다.[1] 욕망의 삼각형 이론에서는 나라는 '주체', 내가 추구하고자 하는 '대상', 그리고 나와 내가 추구하는 대상 사이의 거리를 메워 주는 '중개자'가 등장한다. 내가 누군가를 닮고자 할 때 그 누군가에 다가가기 위해 중개자를 모방하는 것으로 그 욕망을 채운다는 것이다.

▌욕망의 삼각형

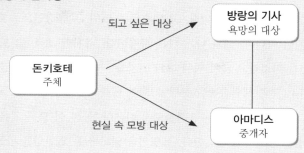

르네 지라르는 돈키호테를 예로 든다. '돈키호테'라는 주체가 '방랑의 기사'라는 욕망의 대상을 설정하고, 이 방랑의 기사가 되기 위해 정작 현실에서는 '아마디스'라는 중개자를 모방한다는 것이다. 돈키호테가 정말 되고 싶은 대상은 방랑의 기사이니 방랑의 기사와 흡사한 모습을 보이는 아마디스를 흉내 내려는 모양새를 보인다.

즉 욕망의 삼각형 이론에서는 삼각형 세 개의 꼭짓점에 해당하는 주체, 욕망의 대상, 중개자의 관계를 다룬다. 주체(돈키호테)가 욕망의 대상(방랑의 기사)이 되기 위해 중개자(아마디스)를 모방하는 현상을 설명하는 것이다.

오늘날 이 욕망의 삼각형에 갇혀 버린 우리를 쉽게 만난다. 바로 TV에서 인터넷에서 만나는 연예인이나 운동선수와 같은 유명인을 통해서 말이다.

외모든 몸매든 지적 수준이든 생활상이든 유명인에게서 닮고 싶은 점이 있을 수는 있다. 그런데 나는 이미 그 유명인으로 태어난 것이 아니다. 그와 나는 다른 사람이다. 하지만 조금이라도 유명인을 따라하고 닮기 위해 그의 연기를 따라하고 그의 말투를 따라하고 그의 생활습관을 본받아 보려 한다. 그가 추천한 책을 읽고 그가 즐겨 찾는다는 음식점도 찾아본다. 물론 이 모든 것은 미디어의 목표가 되기도 한다. 유명인을 닮고 싶은 일반인을 만들어 내는 목표 말이다.

오늘날에는 광고가 큰 역할을 한다. 광고에서 유명인이 소개하는 상품은 우리를 그 유명인에 가깝게 만드는 중개자와 같다. 우리는 광고에 나온 상품을 사용해 보면서 유명인의 이미지에 다가가려 한다. 광고가 우리를 돈키호테에서 방랑의 기사로 만들어 줄 것을 기대하면서 말이다.

이 파트에서는 우리가 음식을 통해 유명인을 닮아 가려 애쓰는 모습을 그려 본다. 그 유명인의 외모나 몸매, 지적 수준이나 생활 습관, 삶의 철학 등과는 아무 관계가 없는 음식이 유명인과 동일시되는 순간… 우리는 그 먹을거리를 호감의 시선으로 바라보며 즐기고 싶어 한다. 우리도 모르는 사이에 우리 주변을 둘러싸고 있는 이러한 음식 사례에는 무엇이 있을까? 그것이 우리가 이 파트에서 살펴볼 내용이다.

잘생긴 푸드, 예쁜 푸드

오늘날은 TV, PC, 스마트폰, 태블릿PC 등 미디어 소비 창구가 더없이 팽창된 시대다. 그러니 대중이 닮고자 하는 이상형을 빨리 찾아내고 그들을 팔로하게 만드는 것이 미디어 업계의 성공 공식이다. 팔로워 숫자가 곧 인기의 척도가 되어 버린 시대이니 미디어가 팔로워 숫자가 많은 사람을 잡으면 그와 연관된 드라마나 영화도 인기를 끌고 광고도 더 붙는다.

굳이 연예인이 아니어도 된다. 요즘은 유튜브나 인스타그램을 통해 인기를 얻은 이른바 인플루언서influencer도 대중이 열광적으로 따른다. 가수나 배우처럼 정식으로 데뷔한 사람이 아니라도 이 인플루언서가 일반인이 닮고 싶은 대상이 되는 시대인 것이다. 그러니 앞서 설명한 욕망의 삼각형이라는 울타리 안에서 인플루언서를 닮고자, 그들이 소개하는 상품을 소비하는 일이 이제는 흔한 일이 되어 버렸다.

욕망의 삼각형에 갇혀 버린 우리는 결국 잘생기고 예쁜 연예인과 인플루언서의 모습을 대상화하여 상품을 선택한다. 유명인은 미디어 광고를 통해 다양한 상품을 소개하는데, 우리는 이러한 상품을 유명인과 나 자신의 사이에 있는 중개자로 인식한다. 즉 이 상품들을 통해 유명인과 닮아 갈 수 있다고 생각하는 것이다.

먹을거리도 다르지 않다. 어떠한 유명인이 먹을거리를 광고하면 그 먹을거리를 선택하는 것으로 우리는 유명인이라는 대상과 닮아 가는 것처럼 느낀다. 잘생기고 예쁜 유명인, 내가 닮고 싶은 유명인이 선택한 먹을거리이니 그것을 먹음으로써 자신이 그 유명인과 근접해진다고 느끼는 것이다.

더 나아가 우리는 유명인이 출연한 먹을거리 광고에서 보인 햄버거, 치킨, 피자, 라면, 맥주 등을 잘생기고 예쁜 유명인 그 자체로 여긴다. 그 유명인이 먹는 피자를 먹고 그 유명인이 마시는 맥주를 마시는 것만으로도 그 유명인을 닮을 수 있다고 믿는 것이다.

잘생기고 예쁜 먹을거리는 이렇게 탄생한다.

먹을거리는 응당 그 영양소, 맛, 식감 같은 것으로 이미 지화되어야 하지만, 요즘 같이 미디어가 넘쳐 나는 시대에는 먹을거리가 이를 소개하는 유명인과 동일하게 인식되는 것이 이상한 일은 아니다.

한국방송광고진흥공사KOBACO에서 매년 발간하는 〈소비자행태조사 보고서〉 2017년도 자료를 보자.[2] 가장 젊은 조사 대상인 1318세대(13~18세)는 광고를 볼 때, 휴대폰 광고 다음으로 식사 대용품 광고, 스낵류 광고, 음료 광고에 특히 큰 관심을 보이는 것으로 나타났다.[*] 1929세대(19세에서 29세까지)도 다르지 않다. 남녀 간에 다소 차이를 보이지만 휴대폰, 영화, 화장품 광고 다음으로는 식사 대용품 광고에 관심을 보였다. 이렇게 낮은 연령대에서는 광고에 등장하는 먹을거리에 대한 관심이 높다가, 나이가 들면서는 관심도가 낮아지는 것으로 나타났다. 젊을수록 먹을거리 제품에 대한 광고 관심도가 높다는 것이다.

같은 보고서에서 2017년 한 해 동안 소비자의 머릿속에

---

[*] 1318세대의 제품 광고 관심도는 남성의 경우 휴대폰 광고(1위) → 식사 대용품 광고(2위) → 스낵류 광고(3위) → 음료 광고(4위) 순이고, 여성의 경우 휴대폰 광고(1위) → 스낵류 광고(2위) → 식사 대용품 광고(3위), 음료 광고(4위) 순으로 나타났다. 이처럼 1318세대는 다른 세대에 비해 특히 식사 대용품, 스낵류, 음료 광고에 관심이 많아 보인다.

서 가장 기억에 남은, 소비자가 좋아하는 광고도 조사했다. 결과가 흥미롭다. 1위는 배우 '공유'가 출연한 커피 광고가 차지했다. 그렇다면 2위는 어떤 광고일까? 바로 같은 해 최고의 인기를 누린 배우 송중기·박보검이 모델로 출연한 피자 광고이다. 1, 2위 모두 먹을거리 관련 광고가 차지한 것이다.* 1, 2위 광고는 당대 최고로 유명한 연예인이 출연한 광고임에는 두말할 것이 없다.

보고서 내용을 더 살펴보자. 소비자가 가장 좋아하는 광고 유형은 상품 자체를 강조하는 광고가 아닌 '상품 이미지를 강조하는 광고'였다. 광고를 통해 남는 것은 상품보다는 이미지라는 것이다.

이렇게 상품에 호감 가는 이미지를 얹어 주려면 광고 모델의 역할이 크다. 광고 문구나 광고 배경도 상품에 호감을 배가할 수 있는 요소다. 하지만 뭐니 뭐니 해도 광고 모델만큼 확실히 이미지를 각인시키는 광고 요소가 있을까?

미디어는 소비자에게 영양소, 맛, 식감 등을 실제로 체험하게 할 수 없으니 광고 모델을 통해 그 체험을 전달해야

---

* 소비자의 머릿속에 가장 기억에 남는 광고 열 개 중에서 1위 커피 광고, 2위 피자 광고 외에도 4, 5, 7위에 드링크제 광고가, 10위에는 맥주 광고가 선정됐다. 총 열 개의 광고 중에서 여섯 개가 먹을거리와 연관된 광고다.

▌소비자가 좋아하는 광고 순위(2017)

1	KANU	카누	3.5%
2	Domino's	도미노피자	3.1%
3	SK telecom	SK텔레콤	2.8%
4	박카스 D	박카스	2.8%
5	비타500	비타500	2.7%
6	HYUNDAI MOTOR GROUP	현대 자동차	2.5%
7	오로나민 C DRINK	오로나민C	2.3%
8	CHEVROLET	쉐보레	2.1%
9	SAMSUNG	삼성 냉장고	1.9%
10	Kloud	클라우드	1.7%

출처: 한국방송광고진흥공사(2017).

한다. 좋은 광고 모델을 얻기 위해 업계에서 얼마나 치열한 경쟁이 이뤄지는지 봐도 광고에서 모델이 얼마나 중요한지 알 수 있다. 그러니 광고 모델로 발탁된 유명인은 광고 계약을 맺으면서 사생활로 인해 상품의 이미지를 손상시키지 않겠다는 약속을 해야 하는 것이다.

물론 소비자가 실제 먹어보니 맛있고 내용물도 알차고 영양도 풍부한 듯하여 선택하는 경우도 있을 것이다. 그러나 이를 판단하기 이전에 소비자가 일차적으로 제품을 접하는 경로는 미디어 광고다. 또한 그 광고에 등장하는 유명인이다.

다시 말해 소비자는 광고를 통해 상품의 본질보다 이미지를 먼저 인식하며, 이를 통해 구매 행위까지 취하게 된다는 것이다. 다른 상품은 몰라도 우리 몸에 들어가는 먹을거리를 이런 식으로 선택한다고 하면 이는 다시 생각해 봐야 할 문제다.

우리나라의 전체 광고 산업에서 미디어 광고가 차지하는 비율은 절반을 훌쩍 넘는다.[3] 그런데 아직까지 미디어가 일반적으로 제공하는 정보는 2차원2D과 3차원3D 정보에 불과하다. 대체로 TV나 인터넷을 통해 동영상과 음성을 듣고, 기껏해야 3D 안경이나 머리 착용 디스플레이인 HMDHead Mounted Display를 쓰고 가상 영상을 즐기는 정도가 오늘날의 미디어 기술이 제공하는 수준이다.

최근에 와서 4D 영화관이 정착되고 있다. 4D 영화를 보

* 2017년을 기준으로 전체 광고 산업 규모는 16조 4,133억 원이고 이 중 방송, 인터넷 등의 미디어 광고비는 10조 5,122억 원으로 전체 광고비의 64% 정도로 추산된다.

는 관객은 영화의 내용에 맞춰 바람을 쐬고 튀긴 물방울을 맞고 의자의 심한 진동을 느끼는 등의 4차원을 경험한다. 아마 완벽한 4차원을 경험하게 될 때쯤에는 미디어에 등장하는 먹을거리의 냄새와 맛까지도 체험하는 시대가 올지도 모르겠다. 그 시대가 되면 우리는 방안에 앉아 홈쇼핑에서 소개되는 먹을거리의 냄새를 바로 맡을 수 있게 될 것이다. 그러나 이것은 아직 현실적으로 먼 이야기처럼 들린다.

4차원 기술이 우리 안방 TV나 우리 손의 스마트폰에 적용되기 전까지는 우리에게 선택지가 별로 없다. 우리는 먹을거리만큼은 2차원, 3차원의 미디어에 의존해 선택해야 할 것이다. 맛과 냄새가 전달되지 않고 영양을 알 수 없기 때문에 이를 소개하는 광고에만 의존해야 할지 모른다. 그나마 유명인이 신뢰할 만하다고 여겨지니 유명인이 소개하는 먹을거리에 더욱 집중할 수밖에 없는지도 모르겠다.

미디어가 제공하는 차원만을 경험하는 한, 우리는 욕망의 삼각형 이론에서 상정한 '주체' 신세를 벗어나기 힘들다. 욕망의 대상인 방랑기사가 되기 위해 끊임없이 아마디스를 찾아 헤매고, 이를 모방하기 일삼는 돈키호테 신세를 면하기 어렵다. 잘생긴 유명인이 권하는 먹을거리를 먹는다고 우리가 정말 그 유명인을 닮을 수 있는 걸까?

아이돌이 소개하는! 아이돌이 먹는?

우리는 살과의 전쟁을 시작한 지 오래다. 건강 때문에, 혹은 날씬하고 예쁘고 멋지게 보이고 싶은 욕구 때문에 살을 빼고 싶어 한다. 그래서 적게 먹고 열심히 운동하여 하루 목표량으로 정한 칼로리 수치를 맞춘다. 먹는 열량보다 쓰는 열량이 많아지고 이것이 수차례 쌓이면 마침내 체중을 감량할 수 있다는 믿음 때문에.

오늘날 체중 감량의 의미로 쓰이는 '다이어트'라는 낱말에는 '규칙'적으로 이뤄지는 식사, 즉 일정한 '습관'이라는 뉘앙스가 포함되어 있다. 일상적이고 습관적인 식사가 영양적인 측면에서 균형을 이루고 있어야 체중 감량에 성공할 확률이 높다는 것이다. 물론 여기에 일상적이고 습관적인 운동까지 가미된다면 더할 나위 없다. 식사와 운동에 관한 규칙과 습관의 법칙을 거스르고 할 수 있는 다이어트 방법은 없다.

만일 그러한 다이어트 방법이 있다면 그것은 약물이 개입되어 있기 마련이다. 식사량을 조절하지 않거나 운동하지 않고서도 효과를 얻으려면 약물을 통하지 않고는 불가능하다. 소화가 잘되고 장운동을 촉진시키거나 지방 분해에 효과가 있다는 약을 먹는 것도 바로 이 때문이다. 다이어트에 도움이 될 만한 보조식품을 동원하는 것이다.

결국 극단적인 사례지만 호르몬 주사까지 등장했다. 언제든 무대 위에서 완벽한 외모를 선보여야 하는 아이돌 사이에서는 다이어트 때문에 호르몬 주사를 맞는 것이 이제그리 숨길 일도 아니다.[4, 5] 다이어트의 성공을 위해 맞는 호르몬 주사는 특히 걸그룹에게 인기가 있으며, 식욕을 억제하는 데 효과가 있다고 한다.

사실 이 호르몬 주사는 임신 중에 분비되는 융모성(태반성)고나도트로핀HCG, human chorionic gonadotropin이 분비되어 입덧 같은 상황을 만들고 입맛을 없앤다. 주변에서 입덧이 심한 임신부를 보면 뭘 먹고 싶어도 먹지 못한다. 메슥거림이 종일 지속되고 구토를 하는 경우도 많다. 이렇게 힘든 입덧과정이 다이어트를 위해 인위적으로 활용되다니! 걸그룹을 준비하거나 활동하는 연령대를 생각하면 이런 고통까지 감내하는 상황이 짠하기까지 하다.

한편으로 엄격히 관리하여 규칙적인 식사와 운동을 하지 왜 호르몬 주사까지 맞나 생각할 수 있다. 그러나 아이돌은 식사나 운동을 제대로 관리하지 않은 채 무작정 호르몬 주사나 맞는 것이 아니다.

포털 검색창을 열고 확인해 보자. "아이돌 다이어트"라고 검색해 보면 고구마, 견과류, 바나나, 파프리카 등 다이어트 식단과 필라테스, 발레, 헬스, 마사지, 요가 등 다이어트를 위한 운동도 소개된다. 단기간에 일정한 체중을 만들어야 하는 경우가 많아서 식단도 매우 제한적이다. 대부분 칼로리가 낮고 지방을 태우며 배변을 촉진하고 단백질의 유실을 막는 먹을거리다. 이런 먹을거리를 먹고 운동하는 것이 과연 가능한지 의심스럽기도 하다. 아이돌의 다이어트 방식이야말로 식사와 운동의 규칙이나 습관을 철저히 따르는 방식으로 관리되고 있는 것이다.

연예인은 끊임없이 대중을 만나고 무대에 서야 하므로 다이어트를 통한 자기관리가 필수적이다. 그러니 식단도 철저히 관리하고 열량을 최대한 소모할 수 있는 운동을 한다. 그럼에도 목표한 날짜까지 다이어트에 성공하지 못한다면 호르몬 주사라는 인위적인 방법까지 동원하는 것이다. 규칙과 습관으로 축적되어야 하는 다이어트 방식도 효과를 보지 못해 약물까지 개입되는 형국이다.

그런데 아이러니하게도 이러한 아이돌이 미디어에서 광고하는 먹을거리는 그들의 다이어트 노력을 반영하지 않는다. 이들이 광고하는 먹을거리를 살펴보면 젊은 층이 선호하는 식사 대용의 먹을거리나, 스낵류, 음료 등이 주를 이룬다는 것이다.

구글에서 "아이돌 광고"를 적어 넣고 이미지 검색 창에 나타나는 결과를 보자. 과자, 청량음료, 에너지 음료, 술, 치킨 등 먹을거리들이 많이 보이지만 다이어트를 연상시키는 먹을거리는 찾아보기 힘들다. 절제된 식단과 심지어 입덧의 고통까지 감내해 만들어진 아이돌 몸매가 광고의 이미지로 쓰이는 것이지 실제 그들이 섭취한 먹을거리를 소개하기 위해 쓰이는 것은 아니라는 말이다. 확실히 연예인이 먹는 것과 실제 광고하는 것에는 이러한 차이가 드러난다. 광고는 광고일 뿐이다!

패스트푸드 광고에 유명 아이돌의 노출이 더욱 빈번하다는 연구 결과도 있다. 2016년 미국에서 연구된 바에 의하면 유명 가수가 출연하는 광고에는 '에너지 밀도는 높으면서도 영양가가 낮은' 먹을거리가 소개된다는 점이 지적된다. 연구 대상은 2013년과 2014년의 빌보드 핫100차트를 차지한 가수들이었다. 누구나 들어도 알 만한 유명 가수, 이를테면 브리트니 스피어스Britney Spears, 저스틴 팀버레이크Justin Timberlake, 비욘세Beyonce, 머라이어 캐리Mariah Carey, 마이클 잭슨Michael Jackson 등 무려 스물세 명이 음료 브랜드 펩시 광고에 등장했다고 한다. 또한 이렇게 유명 가수가 나오는 펩시 광고는 2016년 1월 기준으로 유튜브 조회 수 1억 6,000만 뷰를 넘긴 것으로도 집계되었다. 유명 가수가 지속적으로 광고해 이미지를 형성한 결과가 유튜브의 엄청난 조회 수로 나타났다는 것이다.[6]

이 연구가 말하고자 하는 바는 간단하다. 비만, 당뇨병 등과 같은 공중보건의 이슈에서 가수, 배우 등이 젊은 소비자에게 많은 영향을 미칠 수 있다는 것이다. 연예인이 출연한 먹을거리 광고는 젊은 소비자의 먹을거리에 대한 인식을 전환시키는 데 중요한 역할을 한다. 특히 어린이와 청소년의 건강을 생각하면 아이돌이 제시하는 '좋은' 먹을거리 광고가 필요하다. 더 많은 소비자가 즐겨 보고 실제 그 광고에 나온 먹을거리를 찾게 되니 말이다.

하지만 현실적으로 광고 시장에서 노출되는 브랜드만 봤을 때 다양하고 건강한 먹을거리가 소개될 수 있는 환경인지 의구심이 든다. 유명 연예인의 출연 여부와 상관없이 광고로 노출되는 브랜드 순위만 봐도 이는 쉽게 짐작할 수 있다.

❚ 2017년 4분기 미국 식품 관련 브랜드의 TV광고 건수(단위: 회)

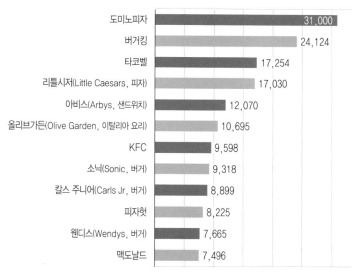

도미노피자 ▨ 31,000
버거킹 ▨ 24,124
타코벨 ▨ 17,254
리틀시저(Little Caesars, 피자) ▨ 17,030
아비스(Arbys, 샌드위치) ▨ 12,070
올리브가든(Olive Garden, 이탈리아 요리) ▨ 10,695
KFC ▨ 9,598
소닉(Sonic, 버거) ▨ 9,318
칼스 주니어(Carls Jr, 버거) ▨ 8,899
피자헛 ▨ 8,225
웬디스(Wendys, 버거) ▨ 7,665
맥도날드 ▨ 7,496

출처: Statista(2018).

2017년 4분기에 미국 TV에서 광고된 먹을거리 관련 브랜드 순위를 참고해 보자.[7] 광고에 빈번히 노출된 먹을거리 브랜드를 보면 패스트푸드가 순위권에 다수 포진되어 있는 것을 알 수 있다. 1위인 피자 브랜드가 광고에 나타난 횟수는 무려 3만 1,000건에 달한다. 하루 평균 85회 정도가 TV에 노출된다는 것이다.

2017년 영국에서 이슈가 된 내용도 살펴보자. 영국의 한

매체는 영국 정크 푸드 회사의 광고 예산이 정부가 건강한 식생활을 장려하기 위해 사용하는 액수보다 27배 많다는 점을 지적했다. 그러면서 2016년 모든 광고 지출을 정리해 보니 100대 브랜드 중에서 18개가 정크 푸드 브랜드였다고 밝혔다.[8] 이러한 상황에서는 영국 정부가 아무리 정책적으로 건강한 식생활을 장려한다고 해도 업계의 광고 영향력이 크면 효과를 거두기 어렵다는 결론이 나온다.

다이어트는 결국 규칙적이고 습관적인 식사와 운동의 결과다. 그러나 우리의 미디어 환경은 이를 뒷받침하고 있을까? 사람들이 선망하는 유명 연예인은 그들의 평소 생활과 관련 없는 먹을거리를 방송에 노출하기도 하고 광고 속에서 멋들어지게 소개하기도 한다. 결국 정책적으로 권장하는 건강한 먹을거리는 이러한 먹을거리 광고에 밀리는 상황이 발생한다.

이 상황에서 소비자는 어떻게 해야 할까? 기억해야 할 것은 유명한 연예인이 실생활에서 섭취하는 먹을거리와 이들이 광고에서 소개하는 먹을거리에는 큰 차이가 있을 수 있다는 점이다. 상식적으로 당연한 이야기임을 알면서도 실제 광고를 접하면 우리는 그들의 이미지에 심취해 그 광고의 먹을거리를 선택하곤 한다. 소비자는 먹을거리 광고에 오늘도 큰 영향을 받고 있다.

옥수수수염과 V라인

인터넷 이용자가 직접 촬영하고 편집하는 콘텐츠를 뜻하는 'UCC User Created Contents', 신흥 강국으로 부상하는 중국에 투자하는 간접금융상품 '차이나펀드', 수영과 피겨스케이팅으로 대한민국에 활기를 불어넣은 스포츠 스타 '박태환'과 '김연아', 피부 결점이나 자외선 차단에 효과가 있는 'BB Blemish Balm크림', 신의 물방울*이라 불리는 '와인'…. 이들은 2007년에 이슈가 되었던 아이템이며, 히트상품으로

---

* 일본의 작가 기바야시 신. 기바야시 유코가 글을 쓰고 오키모토 슈가 그린 와인을 소재로 한 만화 제목이기도 하다. 2004년부터 만화잡지 모닝에 연재를 시작해 총 44권으로 완결되었는데 와인의 인기와 대중화에 한몫을 한 화제의 작품이었다.

▎2007년 10대 히트상품

순위	히트상품
1	UCC(User Created Contents)
2	차이나펀드
3	국가대표 틴스타(김연아, 박태환)
4	사극(대조영, 태왕사신기)
5	종합자산관리계좌(CMA, Cash Management Account)
6	무한도전
7	옥수수수염차
8	원더걸스
9	BB(Blemish Balm)크림
10	와인

출처: 이민훈 외(2007).

이름을 날렸다.

삼성경제연구소는 2007년 12월 17일 〈2007년 10대 히트상품〉이라는 보고서를 발간하며 당시 이슈가 되었던 상품들을 나열했다.[9] 10여 년이 지난 이제는 시들해진 아이템이 있지만 몇몇은 사람들의 삶과 역사에 한 획을 그은 것이기도 하다. 그런데 여기 먹을거리로는 가장 높은 순위에 오른 상품이 있다.

바로 '옥수수수염차'가 그 주인공이다. 먹을거리로는 와인과 함께 10위 내에 올랐다. 지금은 와인의 인기가 더 높아 보이지만 당시에는 와인보다 순위도 높았다. '차 음료' 전성시대가 열린 것이 이 시기이니 그럴만도 하다.

보고서를 읽으며 문득 이때를 떠올려 본다. 이 무렵에는 보리차나 혼합차 등 차를 소재로 한 음료가 한창 인기를 끌었다. 그러나 보고서가 발간된 2007년 이전만 해도 차는 물에 우려낼 수 있는 형태인 티백으로 판매되는 것이 일반적이었다. 따라서 우려낸 차를 페트병에 담아 인기를 끌 것이라고 누구도 예상하기 힘들었다.

이전에는 차를 떠올리면 '전통'의 이미지가 강했다. 따라서 격식을 갖추고 시간을 들여 우려내 마시는, 그 절차가 중요했다. 이른바 전통 찻집은 한옥식으로 인테리어를 꾸미거나 전통 찻집 주인은 무조건 개량 한복을 입어야 하는 것으로 여겨질 만큼 전통차에는 특유의 격식이 담긴 이미지가 있었다.

그런데 2005년부터 페트병에 담긴 차가 본격적으로 인기를 끈다. 뽕잎, 홍화씨, 녹차, 산수유, 메밀, 둥글레, 결명자, 구기자, 율무, 귤피, 영지, 치커리, 대맥, 상황, 옥수수, 현미, 차가 등 무려 열일곱 가지의 몸에 좋은 재료로 만들어진 차가 등장한 것이다! 바로 '17茶'다.

포함된 재료를 나열하기도 힘든 이 상품은 당시에는 차 음료의 대중화를 앞당기는 역할을 했다. 2000년대에 본격적으로 확산된 용어인 웰빙well-being의 바람을 타고 건강에 대한 소비자의 욕구가 음료 시장까지 강타한 것이다. 17茶는 마셔도 살 찔 걱정이 없고 몸이 가벼워진다는 광고 카피를 통해 차를 건강음료의 반열에 올리는 데 기여했다. 차는 칼로리가 낮으니 마셔도 살찔 걱정이 별로 없다는 사실을 소비자가 이전에도 모르지 않았을 것이다. 그럼에도 이 상품의 등장으로 차는 이제 페트병에 넣어 자주 마셔도 좋을 먹을거리 상품으로서 소중한 이미지를 획득했다.

17茶가 등장한 지 1년여 만인 2006년, 이번에는 옥수수수염차가 등장했다. 보아, 김태희, 현빈 등 유명 연예인이 광고 모델로 등장해 '부기 없는 얼굴, V라인 얼굴을 위해서는 옥수수수염차를 마셔야 한다'는 광고 카피를 읊었다. 아직 웰빙 바람이 꺼지지 않은 덕인지 옥수수수염차도 다이어트 식품 대열에 들어 화제를 일으켰다.

옥수수수염차의 인기는 강력하고 대단했다. 앞서 말한 삼성경제연구소 보고서에 따르면 옥수수수염차의 2007년 시장 규모는 900억 원 수준으로 전체 차 음료 시장의 약 37%를 차지했다. 얼굴을 V라인으로 만들어 준다는 광고 카피는 가뜩이나 미용과 다이어트에 대한 사회적 관심이 고조되던 시기에 남녀를 가리지 않고 소비자 모두에게 효과적이었다.

옥수수수염차는 사실 옥수수수염과 결명자, 감국화 등을 섞어서 만든 약차의 일종이다. 식사 대용이 되는 옥수수와 달리 예전부터 옥수수에 붙은 수염은 말려서 한약재로 썼으며 중년·노년의 혈압을 떨어뜨리고 황달을 물리치거나 전립선비대증을 막는 데 활용했다고 알려진다.[10] 그런 약재 이미지의 옥수수수염차가 상품으로 둔갑해 구수한 미용 음료로 거듭난 것이다.

2007년 당시에 옥수수수염차를 마실 때면 옥수수에 길게 늘어진 수염이 아니라, 보아나 김태희, 현빈의 V라인 얼굴이 떠올랐다. 나만 그렇게 느낀 것은 아니었을 것이다. 옥수수수염차가 페트병에 담겨 팔리기 전까지 사람들에게 옥수수수염은 옥수수를 먹기 위해 뜯어내야 했던 것에 불과했다. 그런데 이 이미지를 불식하고 '옥수수수염차＝V라인 음료'라는 공식을 만들어 냈으니, 마케팅 차원에서도 옥수수수염차의 등장은 단순히 차가 음료 상품이 되는 것을 뛰어넘는 강력한 메시지다.

17茶는 열일곱 가지 재료를 섞었다는 다소 직관적인 이미지로 상품명을 만들었다. 소비자의 인식이 '17茶에 열일곱 가지의 재료가 쓰였으니 몸에도 좋을 것'이라는 데까지 미치도록 만들었다. 하지만 옥수수수염차는 다르다. 옥수수수염차가 음료 시장에 등장하기 이전에 소비자의 머릿속에

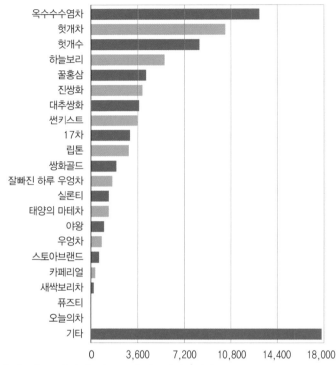

출처: 한국농수산식품유통공사 식품산업통계정보(www.atfis.or.kr).

는 옥수수수염이라는 명확한 이미지가 그려졌다. 그런데 광고 하나로 이를 V라인으로 탈바꿈해 버린 것이니 말이다.

　　2007년에 이렇게 선풍적인 인기를 끌었던 옥수수수염차는 아직도 인기다. 10여 년이 지났음에도 우리나라 액상차

품목 중 소매점 매출액에서 압도적인 우위를 보이고 있다.[11] 순위에 있는 다른 음료를 살펴보면 알겠지만 옥수수수염차만큼 강력한 메시지를 던진 음료는 없다. 웰빙의 시대에 건강과 미를 동시에 공략하고 소비자가 갈구하는 미적 관념을 V라인이라는 실체로 구체화한 액상차는 옥수수수염차 이후에는 등장하지 않고 있다.

이처럼 차 음료 시장이 성장하는 지난 10여 년 동안 웰빙 붐을 타고 옥수수수염차도 함께 성장했다. 그동안 건강하고 예쁘게 바꿔 줄 먹을거리를 찾는 소비자의 인식도 형성됐다. 결국 'V라인 연예인'이라는 이상을 동경하는 우리에게 옥수수수염차라는 중개자가 등장해 욕망의 대상을 모방하게 한다. 또 욕망의 삼각형 안에서 말이다.

늘씬한 그녀가 먹는 우유의 비밀

2010년 밴쿠버 동계올림픽에서 금메달을 거머쥐고 정상에 오른 김연아, 인기 절정을 달리던 이 대한민국 피겨스케이팅 선수는 이듬해 우유 광고의 모델로 등장했다. 당시 이 우유 회사는 저지방 고칼슘을 콘셉트로 한 '건강한 우유' 이미지를 만드는 데 심혈을 기울이고 있었다. 상품의 콘셉트에 스포츠 스타 김연아 선수의 건강한 이미지가 어울린다고 판단했던 모양이다.[12]

사실 우유를 먹을거리로서 어떻게 인식하고 판단하는지는 세대별로 차이가 있을 것이다. 30~40년 전만 해도 어린이는 우유를 마셔야 키가 크고 피부가 좋아지고 뼈가 튼튼해진다는 소리를 들으며 자랐다. 항간에는 우유로 세수를 하고 목욕을 하면 피부가 더 좋아진다는 말도 돌았다. 우유에 대한 사람들의 인식 속에는 우유는 기본적으로 우리 몸을 건강하게 하며 가공 없이 그냥 마시거나 몸에 발라도 인간에게 언제나 이롭다는, 일종의 완전식품 이미지가 있었던 것이다.

미국의 대표적인 문화인류학자 마빈 해리스Marvin Harris가 그의 책에서 묘사한 우유 예찬론도 완전식품으로 여겨진 우유의 이미지를 묘사하고 있다. (마빈 해리스의 책이 출간된 것이 1987년이고, 자신의 어린 시절을 묘사하는 것이니 대략 시기를 감안하고 살펴보길 바란다.)

내가 어린 시절, 낙농업자들과 미국 농무부, 그리고 미국의사협회는 우유가 '완전식품'이라는 대중적인 상투어를 열렬히 선전했다.

하루에 1쿼트(약 1.14리터)의 우유를 마셔라. 모든 학교의 점심 급식에 우유를 넣어라. 식사 전에, 식사를 하면서, 식간에, 그리고 밤참으로 우유를 마셔라. 우유를 살 때는 마개가 달린 플라스틱 용기에 든 것을 갤런 단위(1갤런=3.78리터)로 사라. 냉장고 문을 열 때마다 우유를 마셔라. 위장을 가라앉히기 위해, 종기를 치료하기 위해, 설사를 그치게 하기 위해(끓여서), 신경을 평안히 하기 위해, 그리고 불면증을 완화하기 위해(따뜻하게

데워서) 우유를 먹어라. ...[13]

우유는 완전식품이니 많이, 자주 마시고 여러 신체 기능을 회복시키는 데 적극적으로 활용하라는 것이 당시 미국 우유 예찬론의 골자다. 그런데 우유가 아무리 좋다고 해도 냉장고 문을 열 때마다 우유를 마시라고 하거나, 위장을 가라앉히고 종기를 치료하고 신경을 평안히 하며 불면증을 치료하기 위해 우유를 마시라는 것은 너무 과하지 않은가? 지금으로서는 선뜻 고개가 끄덕여지지 않는 대목이 많다. 이런 맹목적인 우유 예찬론에 무슨 이유가 있는 것일까?

마빈 해리스는 미국이 세계대전 이후 남아도는 우유를 전 세계에 나눠 줬다는 점에 주목한다. 해외원조 프로그램이나 빈곤퇴치 프로그램 일환으로 미국에서 생산된 우유의 분배가 이뤄졌다는 것이다.

하지만 이러한 미국의 우유 분배 사업은 아이러니하게도 몸에서 우유를 잘 소화하지 못하는 사람이 있고 그 이유가 락타아제 때문이라는 점을 밝히는 계기를 만들었다. 유당 분해 효소인 락타아제가 없는 사람은 우유를 마셔도 속이 더부룩하고 가스가 차며 설사를 일으킬 수 있다는 점을 1965년 존스 홉킨스 의과대학의 내과연구팀이 밝힌 것이다. 하도 많은 우유가 유통되고 섭취되다 보니 부작용도 발견되고 우유에 대한 의심도 피어나기 시작한 것이다.

이처럼 우유도 부족함이 있는 먹을거리고, 완전식품이라는 별칭도 정확한 영양학적 용어가 아니라는 것을 이제는 많은 사람들이 안다. 우유가 완전식품이고 모든 영양소가 포함되어 있다면 우유는 날씬한 몸매를 유지하는 데 필요한 먹을거리가 아닐 것이다. 김연아가 우유 광고에 출연한다고 해서 누구나 부러워하는 그녀의 몸매가 우유 덕분은 아닌 것처럼!

우유에도 칼로리가 있고 지방을 제거하는 공정을 거치지 않는 한 상당량의 지방도 함유되어 있다. 그래서 영양소가 풍부할 수 있지만 과다 섭취하면 여느 먹을거리와 마찬가지로 문제가 생길 수 있다. 우리 몸에 좋다는 모든 먹을거리는 적당한 섭취량을 유지할 때 그 효과도 지속될 수 있다.

그럼에도 우유가 완전식품의 지위를 누릴 수 있었던 데에는 먹을거리의 종류가 제한적인 시대적 상황이 반영되었거나 우유 산업의 성장과 연관되었을 가능성이 있다. 식품의 가공 방법이 발달되지 못했던 시기에는 그만큼 다양한 먹을거리가 생산되기 힘들었다. 우유는 젖소나 양에게서 짜내는 간단한 노력에 비하면 상대적으로 영양소가 풍부한 셈이었으니 우유의 실제 영양과는 상관없이 완전식품의 지위를 누릴 수 있었던 것이다. 한편 산업의 성장 시기에는 넘쳐

나는 우유를 처리할 목적으로 완전식품 신화가 퍼졌던 측면도 있다. 물론 완전식품이라는 이미지로 인해 구호물자로 활용되는 데 거부감은 없었지만, 동시에 우유의 단점도 밝혀졌다. 신화가 퍼지는 동시에 신화의 베일이 벗겨진 것이다.

과학사에서 언제나 하나의 이론은 새로운 이론이라는 반론을 만나고 이 과정에서 새로운 시대적 인식이 탄생한다. 우유에 대한 인식도 이와 다르지 않을 것이다. 이를 반영하듯 최근 우유의 완전식품적 지위를 의심하는 연구도 여럿 등장했다. 대표적인 것이 2014년 하반기에 발표된 스웨덴 학자의 논문이다. 이 논문에서는 우유가 알려진 것처럼 골다공증에 도움이 되지도 않고, 하루에 우유를 세 잔 이상 마시면 한 잔 이하 마시는 사람에 비해 일찍 사망할 확률도 두 배 정도 높았다고 설명한다. 또한 이러한 결과가 여성에게서 더 높은 비율로 나타났다고 주장했다.[14]

연구 결과가 발표되자 반응은 뜨거웠다. 완전식품으로 여겨졌던 우유를 많이 마실수록 죽을 확률이 더 높아지다니! 연구팀이 20년 동안 여성 6만 1,000명, 11년 동안 남성 4만 5,000명을 추적 조사한 결과여서 이 사실은 더욱 충격으로 다가왔다.

그러나 우유가 무척 오랫동안 이로운 먹을거리의 지위를 확보했던 때문인지 연구 결과에 대한 반론이 바로 이어졌다. 우리나라의 한 뉴스 매체에서는 해당 연구 결과를 놓고 사실을 검증하고 반론을 소개하기도 했다.[15] 요는 연구결과가 음식의 권장섭취량을 바꿔야 할 만큼 확실하지 않다는 점을 이미 연구자가 말했고 우유에 대한 장점을 밝힌 연구 결과가 단점을 밝힌 연구에 비해 훨씬 더 많다는 것이다. 그러나 이 때문에 이제껏 우유를 완전식품으로 여겼던 사람들은 우유에 대한 인식의 전환기를 맞게 된다.

사실 서구에서는 우리나라보다 우유를 지나치게 많이 섭취하기 때문에 연구 대상을 서구 사람으로 잡는 한, 우리나라와 같은 동양인에게 동일한 연구 결과를 적용할 수 없다. 오랫동안 권장량 이상으로 우유를 많이 섭취하는 환경에 있었다면 우유와 사망 확률의 상관관계를 적용할 수 있지만, 그렇지 않은 사람에게는 적용할 수 없는 이야기일 수 있다는 것이다. 결국 이 스웨덴 학자의 연구 결과도 몸에 좋은 먹을거리는 적당히 섭취할 때 그 효과를 극대화할 수 있다는 영양학의 기본적인 원리를 설명하는 결과인 셈이다.

논문의 결론 부분을 살펴보면, 연구자는 연구 결과를 신중하게 해석해야 한다는 점을 강조하고 있고, 연구 발표 후에도 성급히 일반화하면 안 된다는 것을 거듭 밝히고 있다. 그러나 확실히 이 연구 결과로 인해 우유를 완벽한 먹을거리로 인식했던 사람들의 믿음이 흔들리게 된 것은 확실하다. 우유에 대한 흔들림 없던 믿음은, 이제 우유도 먹을거리 중 하나로 보고 객관적인 분석이 필요하다는 점에는 많은 공감이 이뤄진 것 같다.

그러나 우유가 완전식품이라는 지위를 쉽게 잃을 것 같지는 않다. 자존심에 상처를 입은 것은 맞지만 그렇다고 건강한 먹을거리라는 지위를 잃을 정도는 아니다. 이제 작은 반대 의견 하나 정도가 나온 셈이니까. 그간 확산된 우유에 대한 찬사를 생각하면 스웨덴 학자의 연구 결과는 금방 잊힐 듯이 보인다. 우유를 마시면 키가 크고 피부에 좋고 뼈에 좋고 몸이 건강해진다는, 우유의 역사 안에서 자라난 믿음은 아직 유효하다.

2010년 밴쿠버 동계올림픽 이듬해 우유 광고에 등장했던 김연아 선수는 바로 그다음 해에는 맥주 광고에 등장했다. 당시 한 신문기사에서는 "우유 먹던 김연아, 이제 맥주 마신다"라며 재미있게 표현했다.[16] 김연아 선수가 우유를 마시다가 맥주를 마시듯이 우유는 우유를 선호하는 소비자가 찾는 음료일 뿐이다. 물론 비교적 몸에 좋은 음료라고 하자.

하지만 늘씬한 미인인 김연아 선수가 마신다고 해서 우유라는 먹을거리에 대한 신화까지 고이 간직될 필요는 없다. 김연아 선수가 저 우유를 마시고 키가 컸고 피겨스케이팅의 트리플 점프도 해낼 정도로 뼈가 튼튼해졌으며 피부도 좋아졌다는 이미지는 광고가 만들어 내는 신화에 불과하다는 것이다. 우유 먹던 김연아는 맥주를 먹어도 그 눈부신 모습을 유지한다. 그 자신의 피나는 자기관리가 이어지는 한은 말이다. 또한 먹을거리의 권장섭취량을 유지하는 한은 말이다. 그리고 김연아가 맥주를 마시는 모습이 실제 생활이 아닌 미디어 광고의 일부분인 한은 말이다.

Part 2

스토리텔링과 먹을거리

〈별에서 온 그대〉는 2014년 주춤했던 한류의 불씨를 다시 살려낸 드라마로 평가된다. 그런데 드라마에서 눈길을 끄는 먹을거리가 있다. 바로 '치맥(치킨과 맥주의 줄임말)'이다. 이 드라마의 주인공인 배우 전지현의 '치맥'이라는 대사 한 마디로 치맥은 세계화되었는데, 치맥이 중국과 홍콩 전역에서 인기를 끌어, 한국식 치맥 가게가 크게 늘어난 것이다.[1, 2]

이보다 전에 한류를 이끈 드라마로 〈대장금〉이 있다. 동남아시아를 강타한 대장금도 우리 고유의 음식을 세계에 알리는 데 큰 역할을 했다. 〈대장금〉 덕분에 한식 불모지인 동남아 등지에서 한식 전문 음식점이 유행하기 시작했으니 음식을 소재로 한 드라마 내용에 부합한 큰 성공을 거둔 셈이다.[3, 4] 그간 베트남이나 태국 같은 동남아 국가에서 우리 음식을 선보일 기회는 많지 않았고, 선보인다고 해도 인기를 끄는 것은 쉽지 않은 일이었다. 같은 아시아 국가라고 해도 기후와 음식 문화가 달라 섣불리 관심을 가지기 힘들었기 때문이다.

〈별에서 온 그대〉와 〈대장금〉 모두 이야기가 어떻게 먹을거리를 확산시킬 수 있는지 그 힘을 잘 보여 주는 사례다.

이야기는 이를 정의하는 수많은 개념으로 살펴볼 때 '인간의 본성이자 인간사에 필수적인 문화'로 요약이 가능하다.[5] 인류 역사상 인간은 이야기를 경험하지 않은 적도, 그것을 쉰 적도 없다. 세계적으로 저명한 역사학자 유발 하라리는 그의 책『사피엔스』에서 뒷담화는 악의적인 능력이지만 7만 년 전부터 많은 사람들이 모여 친밀히 협동하는 데는 이 뒷담화가 꼭 필요했다고 밝혔다. 또한 호모사피엔스는 뒷담화도 150명의 규모가 넘는 인적 네트워크 사이에서는 효과가 없다는 것을 알고, 픽션(허구)을 통해 신화를 창조해 내는 능력을 개발했다고 한다. 사람들을 결속시켜 제국을 건설하기 위해 그들을 하나로 묶을 허구의 이야기, 즉 신화의 힘을 빌린 것이다.[6]

우리의 하루를 찬찬히 들여다보자. 이야기는 끊임없이 삶에 개입된다. 아침에 일어나서 TV을 켜 뉴스를 듣고 버스나 지하철에서는 사람들의 잡담에 둘러싸인다. 회사나 학교에서 누군가를 만나면 본격적인 이야기의 세계에 진입한다. 그것이 누군가의 일상사든 뉴스든 뒷담화든 신화든 간에 사람들은 이야기를 통해 안부를 묻고 존재감을 확인한다. 다시 집에 돌아와서는 드라마나 영화, 더 나아가 웹툰, 웹소설의 이야기를 보고 듣는다. 샤워를 하며 하루의 일과를 곱씹어 보는 일, 그리고 잠에 들어 꿈을 꾸는 행위에도 모두 따지고 보면 이야기가 개입하지 않은 것이 없다.

그렇다면 우리는 왜 이야기를 듣거나 말하고 혹은 감상하기를 원할까? 호모사피엔스로부터 생존을 위한 전략적 행위로서 이야기 나누기 행위를 전수받은 것일까? 그보다는 따분한 일상을 회피하고 싶은 마음, 삶에서 재미나 흥미를 찾고 그것을 즐기고 싶은 욕구 때문일 것이다. 이런 인간의 욕구는 전 생애에 걸쳐 지속된다. 그리고 오늘날 기대수명은 100세를 바라보기 때문에 재미있는 이야기로 소비자를 설득하는 것은 가장 확실하고도 지속적인 마케팅 수단이 되었다.

먹을거리도 다르지 않다. 먹을거리는 기본적으로 후각과 미각을 자극해야 선택받을 수 있지만, 사람은 이야기를 갈구하므로 먹을거리에 이야기를 담으면 이 먹을거리가 선택받을 가능성은 더 높아진다. 그러니 눈으로 보고 귀로 듣는 드라마 영상은 같은 치킨과 맥주라도 전지현의 치맥을 새로운 먹을거리로 만들어 준다.

미디어의 빠른 발달 때문에 영상과 음성으로 이야기가 무한정 전달되는 시대에 소비자는 이 시청각으로 전달되는 이야기를 통해 더 적극적인 상품 선택을 시도한다. 스마트폰이나 태블릿 PC를 통해 끊임없이, 드라마나 영화나 웹툰이나 소설에 먹을거리가 등장할 때, 이야기에 매개된 먹을거리는 더욱 열렬히 대중의 지지를 받게 되는 매커니즘이다. 사람들은 먹을거리에 담겨 있는 맛 대신에 이것이 이야기해 주는 재미를 선택하고 있는 것이다.

기술의 발전으로 TV나 스마트폰 같은 미디어가 맛과 냄새까지 전달하는 시대가 온다 해도, 여전히 미디어가 표현하는 음식은 이야기가 매개될 때 사람들의 입을 더 집중시킬 것이다. 맛있는 냄새를 풍기는 빵가게가 항상 성공하지 못하는 이유나, 심지어 맛좋은 먹을거리를 만드는 가게가 이상한 소문에 휩싸일 때 망하게 되는 이유도 여기에 있다.

좋은 이야기는 청자·독자로 하여금 새로운 세상을 경험하게 한다.[7] 먹을거리 역시 좋은 이야기와 매개되는 순간 황홀한 음식 경험의 세계로 인도한다. 경험은 습관을 형성한다. 좋은 이야기와 연관된 먹을거리에 대한 경험이 축적되면 그것은 섭취라는 습관을 낳게 된다. 즉 먹을거리에 매개되는 재미있고 흥미롭고 유익한 이야기는 결국 귀나 눈이 아닌 입의 습관으로 남게 되는 것이다.

이번에 다룰 내용은 바로 이야기가 담긴 먹을거리에 관한 것이다. 재미있고 의미 있는 이야기로 성공한 먹을거리에는 무엇이 있는지, 사람들은 어떻게 맛이나 영양에 상관없이 특정한 먹을거리를 선택하게 되었는지 살펴보도록 한다. 맛이나 영양보다 이야기를 통해 사람을 현혹하는 먹을거리는 마케팅적으로도 연구해 볼 만한 상품이다. 이제껏 마케팅 분야에서 스토리텔링이 활용되었던 다양한 먹을거리 판매 전략을 발견하고 이해할 수 있을 것이다.

산타가 '겨울'에 '아이들'에게 선물을 주는 이유

우선 다음 그림에서 왼쪽과 오른쪽의 인물을 꼼꼼히 살펴보자. 아무래도 당신에게 익숙한 인물은 오른쪽일 것이다. 이름만 들어도 설레는 그 이름, 산타클로스Santa Claus. 빨간 옷차림에 덥수룩한 수염을 보면 자연스레 12월의 추억들이 떠오른다.

그렇다면 왼쪽의 인물은 누구일까? 놀라지 마시라! 그도 산타클로스다. 엄밀히 말하면 그는 산타클로스의 원형으로 알려진 성 니콜라우스Saint Nicolas(270년 3월 15일~343년 12월 6일)라는 인물이다.[8] 오늘날에는 많이 알려진 이야기인데, 산타클로스라는 이름도 본래 성 니콜라우스라는 이름에서 변형되었다고 한다. 17세기 아메리카 신대륙의 네덜란드

출신 이민자들이 성 니콜라우스를 '산테 클라스'로 발음했는데 이것이 영어에 그대로 정착되었다. 2004년에 방송 제작사 애틀랜틱 프로덕션은 〈산타의 진짜 얼굴The Real Face of Santa〉이라는 다큐멘터리 프로그램에서 그의 생애를 조명하며 두개골을 통해 복원한 얼굴을 공개했다.[9] 그리고 이 장면은 BBC2와 디스커버리 채널에서 방영되었다.[10] 우리가 알던 산타 할아버지의 진짜 모습이 공개된 것이다.

원래 성 니콜라우스는 3~4세기 동로마제국에서 활동하면서 매년 12월이 되면 아이들에게 선물을 나눠 주는 것으로 유명했다. 실제 유럽 일부 지역에서는 그가 사망한 12월 6일을 '성 니콜라우스의 날'로 정해 착한 아이에게 선물을 주는 문화를 정착하기도 했다. 성 니콜라우스는 어린 나이에 기독교도로 헌신하면서 가난한 자와 어린이를 사랑하며 평생 선행을 베풀었다고 한다. 존경받을 만한 인물이 산타클로스의 원형이었다니 어린 시절 산타클로스 할아버지를 좋아했던 사람으로서 다행이라는 생각이 들고 감격스럽기도 하다.

그렇다면 어떻게 저렇게도 점잖고 가톨릭 미사에나 등장할 법한 복장으로 엄숙한 표정을 짓고 있는 성인聖人 니콜라우스가 산타클로스가 될 수 있었을까? 빨간색 모자와 털옷으로 치장한 산타클로스와는 전혀 다르지 않은가? 친근한 할아버지로 변화한 과정이 궁금하지 않은가? 답은 코카콜라의 마케팅 전략에 있다.

상품을 판매하는 모든 기업은 판매량에 관심이 많다. 코카콜라도 마찬가지였다. 1920년대 코카콜라는 청량음료인 까닭에 겨울철 판매량도 낮았고 어린 소비자에게도 그렇게 큰 인기를 얻지 못했다. 겨울철에 많이 팔고 어린 소비자를 잡자는 목표를 정한 코카콜라는 재빠르게 전략을 만든다.

코카콜라가 한 일은 겨울철을 배경으로 하면서 동시에 아이들에게 친근함을 주고 꿈을 심어 줄 수 있는 이야기를 만드는 것이었다. 그래서 고안한 것이 산타클로스를 통한 스토리텔링 전략이다. 당시 코카콜라 광고에는 벽난로 위에 놓여 있는 코카콜라와 편지를 발견하고 인자한 웃음을 짓는 산타클로스가 등장한다.

코카콜라가 산타클로스를 통해 전달하고자 했던 이야기를 상상해 보자. 다음은 당시 코카콜라 광고를 토대로 '리처드'라는 아이와 그에게 코카콜라를 권하는 어른의 대화 내용을 가상으로 구성해 본 것이다.

"리처드, 크리스마스이브가 되면 산타클로스가 오실 거야. 산타클로스는 벽난로 굴뚝으로 들어와서 네가 걸어 둔 양말에 선물을 넣어 주고 가시겠지.

혹시라도 크리스마스이브에 잠에서 깨면 창밖을 보렴. 운 좋게 산타클로스를 볼 수도 있을 거야. 빨간색 외투를 입고 계셔서 눈밭에서도 잘 보이거든.

그런데 리처드, 산타클로스가 선물을 가지고 오실 때 얼마나 힘드시겠어. 굴뚝 연기 냄새 맡으면서 벽난로까지 타고 내려오는 산타클로스는 역시 힘드시겠지? 그러니 리처드, 산타클로스가 양말에 선물을 넣고 나면 목이라도 축이시라고 코카콜라 한 병을 벽난로 위에다 올려놓는 게 어때? 산타클로스는 코카콜라를 좋아하신단다. 코카콜라를 마시고 뚱뚱해졌지만 그래서 또 추운 겨울을 잘 견디실 수 있었지."

이야기를 들은 리처드와 다른 아이들은 너나없이 양말을 걸어 둔 벽난로 옆에 코카콜라 한 병과 함께 편지를 올려놓았다.

이처럼 코카콜라는 산타클로스를 이미지 광고에 활용해 겨울철 판매량도 늘리고 어린 소비자의 환심을 얻는 데 성공한다. 아이에게 선물을 나눠 주는 성 니콜라우스의 이야기를 활용하여 친근함을 주면서 겨울철 눈밭에서도 잘 보이도록 붉은색 코트를 입힌 코카콜라의 전략이 보기 좋게 적중한 것이다.

코카콜라가 재해석한 산타클로스는 헤이든 선드블롬 Haddon Sundblom이라는 아티스트가 1931년에 만들어 냈다. 그 이후 코카콜라는 각종 상업광고에 산타클로스를 적극적으로 활용했다.[11] 겨울철과 어린 소비자라는 두 가지를 모두 섭렵할 수 있는 매력적인 캐릭터가 어디 흔한가? 게다가 산타클로스는 그 원형이 되는 인물인 성 니콜라우스의 이야기를 들으면 호감도가 더욱 상승하는 캐릭터이니 마케팅의 조건으로는 금상첨화다.

그런데 여기서 재미있는 사실이 있다. 우리가 아는 현대적인 산타클로스의 이미지를 코카콜라보다 먼저 만들어 낸 기업이 있다는 것이다. 바로 화이트록 음료White Rock Beverages 회사다. 이곳이 빨간색과 하얀색 외투를 걸친 산타클로스를 광고에 넣은 최초의 회사로서, 자사의 상품인 미네랄워터 판매에 활용했다. 1923년에는 탄산음료인 진저에일ginger ale 광고에도 산타클로스를 등장시켰다.[12] 다만 이 회사는 코카콜라만큼 성공을 거두지 못했다.

화이트록의 산타클로스 활용 전략은 그다지 효과적이지 않았다. 화이트록 음료 회사가 만든 1910년대의 광고를 보면 산타클로스가 그냥 선물을 배달할 뿐이다. 성 니콜라우스가 아이들에게 선물을 나눠 주는 것을 좋아했다는 이야기에 착안해 구성된 광고이니 자연스러워 보이는 모습이다. 그러나 그 광고 안에는 코카콜라 광고처럼 굴뚝을 타고 내려온 산타클로스에게 콜라를 선물하도록 유도하는 스토리는 발견되지 않는다.

따라서 코카콜라가 산타클로스로 성공을 거둘 수 있었던 요인은 스토리텔링을 통한 마케팅에 있다는 점을 무시할 수 없다. 산타클로스가 크리스마스이브에 굴뚝을 통해 선물을 전달한다거나 아이가 쓴 편지를 읽는다는 설정은 전통적인 이야기에서도 발견된다. 하지만 코카콜라는 이러한 이야기를 구체적인 영상 이미지로 만들어 냈고, 산타클로스에게 꼭 필요한 음료가 코카콜라라는 점을 이야기로써 전달했다.

산타클로스가 추운 겨울에 견딜 수 있도록 풍보가 되어야 한다거나, 굴뚝 먼지 때문에 칼칼해진 목을 축여야 한다거나, 눈밭에서 쉽게 식별할 수 있도록 새빨간 색 외투를 입어야 한다거나…. 산타클로스에 대한 이미지는 코카콜라의 이야기를 통해 구체화될 수 있었다. 이렇게 어린아이들은 겨울철에 산타클로스의 방문을 고대하며, 산타클로스와 만나 코카콜라를 함께 마시는 장면을 상상하며 기뻐했을 것이다.

코카콜라의 산타클로스 광고 이후에는 영화나 TV 같은 대중 미디어에서 등장한 산타클로스 이미지가 거의 동일하다. 거기에서 더 이상 성 니콜라우스의 모습을 찾아 볼 수 없다. 미디어가 더욱 많아지고 발달하면서 수많은 프로그램에서 산타클로스가 등장할 때마다, 코카콜라 광고로 산타클로스 이야기를 처음 접했던 소비자는 무엇을 느낄까? 그들이 연상하는 브랜드는 무엇일까? 답은 간단하다.

코카콜라의 위상은 오늘날에도 대단하다. 아직도 세계에서 가치 있는 브랜드 순위의 수위에 오르는 것을 보면 말이다. 2019년 유명 경제지 《포브스》에서는 세계에서 가치가 높은 브랜드 순위를 나열했는데, 코카콜라가 6위를 기록했다.[13] 먹을거리 관련 브랜드 중에 가장 높은 순위다. 코카콜라 외의 브랜드는 모두 정보통신기술ICT 관련 브랜드인 점도 코카콜라의 영향력을 엿보게 하는 대목이다. 코카콜라는 19세기 후반에 약국에서 처음 판매한 오래된 음료지만, 그 가치만큼은 오늘날 첨단기술 브랜드와 어깨를 나란히 하고 있는 것이다.

성 니콜라우스가 세상을 떠난 지 1670여 년이 훌쩍 지나

▌전 세계 브랜드 가치 순위(2019년)

순위	브랜드	브랜드가치	분야
1	애플	2,050억 달러	기술
2	구글	1,677억 달러	기술
3	마이크로소프트	1,253억 달러	기술
4	아마존	970억 달러	기술
5	페이스북	889억 달러	기술
6	코카콜라	592억 달러	음료

출처: *Forbes*(2019).

※ 달러를 원화로 환산하면 대략 '0'이 3개 더 붙는다.

가 버렸다. 2020년은 우리에게 친숙한 코카콜라의 산타클로스가 태어난 지 89년째 되는 해다. 그런데 사람들은 세상에 나온 지 100년도 채 되지 않은 산타클로스를 성 니콜라우스보다 더 오래된, 수천 년 전 전설 속에 존재했던 인물인 것처럼 느낀다. 그야말로 스토리텔링에 기반을 둔 마케팅의 힘은 강력하다. 이처럼 코카콜라가 만든 강력한 스토리텔링 때문에 크리스마스에 생일을 맞이하는 예수님보다도 산타클로스를 먼저 떠올리기 쉬워졌다.

내가 현재 이 원고를 쓰는 날짜가 12월 20일이다. 그야말로 크리스마스가 얼마 남지 않았다. 나는 산타클로스가 실제 존재하지 않는 인물이라는 것을 이미 알아 버렸지만,

아직도 산타클로스의 모습을 보면 설렌다. 어린 시절 나는 크리스마스이브가 되면 산타클로스를 실제로 만나고 싶어 잠을 아끼다가 결국 실패하곤 했다. 머리맡 선물보다 산타클로스의 모습을 실제로 보고 싶은 마음이 더 간절했지만 결국 선물을 두고 간 그를 만나지는 못했다. 그 겨울밤, 내가 만나고 싶었던 산타클로스의 실체는 누구였을까? 성 니콜라우스의 사랑을 만나고 싶었던 것일까? 아니면 코카콜라를 들고 있던 산타 할아버지를 만나고 싶었던 것일까? PC 모니터 속의 코카콜라 로고가 유난히 빨갛게 느껴지는 겨울밤이다.

태풍을 만난 사과

대학 입시철이 가까워지면 항상 등장하는 먹을거리가 있다. 바로 엿과 찹쌀떡이다. 엿을 구성하는 식자재는 찹쌀, 멥쌀, 조, 감자, 엿기름 등으로 다양한데 그중에서도 찹쌀의 비율이 가장 높다고 한다.[14] 찹쌀은 영어로 glutinous rice, 즉 '차진, 끈기가 많은 쌀'이라는 뜻이다. 이 차지고 끈기가 많은 쌀이 엿에도 들어가고 찹쌀떡에도 들어간다. 그러니 엿과 찹쌀떡은 본래 그 주원료가 같은 먹을거리 상품이다. 둘 모두 차지고 끈기가 있으며 이 때문에 오랫동안 대표적인 '합격상품'으로 여겨졌다. 그래서 수험생이 시험에 붙길 바라는 많은 이들의 염원이 엿과 찹쌀떡에 담겨 선물로 전달된다.

최근에는 초콜릿이나 빵 같은 먹을거리도 합격상품으로 판매된다. 얼핏 보면 초콜릿이나 빵은 합격상품으로 적합하지 않은 것 같다. 소비자에게 합격상품은 어느 정도 차진 끈기가 느껴져야 하는데 초콜릿이나 빵에서 그런 이미지를 찾아보기 힘들기 때문이다. 즉 끈적이는 정도인 점도粘度가 느껴지지 않은 먹을거리가 합격상품으로 둔갑하는 것은, 이제까지 엿과 찹쌀떡에 익숙한 소비자에게는 아무래도 낯선 광경이다. 마찬가지로 미역국을 시험 앞두고 먹기에 꺼림칙한 이유도 차지고 끈기 있는 느낌이 없고 실제로 점도가 낮으니 시험에서 미끄러지는 상상을 안겨 주기 때문이다.

이처럼 차지고 끈기 있는, 점도 높은 먹을거리를 먹고 시험에서도 끈질기게 합격하라는 기원으로 선물을 주고받는 것이니, 우리나라에서 엿과 찹쌀떡이 차지한 합격상품의 아성은 당분간 쉽게 무너질 것 같지 않다.

그런데 일본의 아오모리현에서 엿과 찹쌀떡의 아성에 도전하는 새로운 합격상품이 등장했다.[15, 16, 17] 바로 사과다. 앞서 언급한 합격상품의 조건에 맞춰서 따져 보자. 사과에 차진, 끈기 있는, 점도가 높은 속성이 있는지를 말이다. 이리저리 따져 볼 때 사과에서 그러한 음식의 속성이나 이미지를 연상할 수 있는가? 사과 자체만 보면 그런 속담이나 이미지를 도무지 떠올리기 어렵다.

왜 갑자기 사과가 합격상품이 되었을까? 어떻게 아오모리현은 사과를 점도 높은 합격상품으로 둔갑해서 판매까지 할 수 있었을까? 그렇다고 사과에서 합격과 연관된 이야기가 연상되지도 않는데, 대체 아오모리현에서는 어떤 일이 일어난 것일까? 우리가 모르는 차지고 끈기 있는, 점도가 높은 사과를 재배하고 있었던 걸까? 사과에 꿀이라도 발라 꿀사과라고 마케팅했던 것일까? 아니면 요즘 논란이 되고 있는 유전자 변형 기법을 이용하여 찹쌀과 사과의 종자 간 교배를 시도하기라도 했다는 말인가?

이런 궁금증의 답은 역시 이야기에 있다. 무엇보다 아오모리현의 사과가 합격상품으로 탈바꿈한 데는 바로 농사를 완전히 망쳐 놓은 농작물 최대의 적, 바로 태풍의 역할이 컸다.

1991년 일본의 아오모리현은 그해 사과 농사를 잘 마무리 짓고 수확을 앞두고 있었다. 그런데 갑자기 이 마을에 태풍이 몰아쳤다. 태풍은 사과 농장을 풍비박산 냈고 결국 채 익지도 않은 사과 대부분을 땅바닥에 떨어뜨려 버렸다. 그나마 나무에 간신히 걸려 있는 사과조차도 맛이 형편없었다. 사과 농가는 절망했고 한 해 사과 농사가 망하는 상황을 지켜볼 수밖에 없는 상황에 처했다. 그러나 여기서 아이디어 하나가 나온다. 바로 나무에 아슬아슬하게 붙어 있는 사과에 이야기를 담는 것이었다.

아오모리현 사람들은 나무에 붙어 있는 사과가 '풍속 53.9m의 강풍에도 절대로 떨어지지 않는 사과'였다는 점에 착안했다. 그리고 이 사과가 합격의 행운을 가져올 수 있다는 이야기를 입혔다. 일본의 대학입시도 너무 치열해서 좋은 대학에 합격하고자 하는 열망이 매우 높고, 명문대 입학을 사회적 성공의 첫 단추로 보는 풍조도 우리나라 못지않다. 강력한 태풍에도 떨어지지 않았던 사과는 모진 입시 경쟁에서 살아남으라는 염원을 담기에 충분했다. 결국 태풍을 맞은 사과는 먹을거리로서는 실패했지만 합격상품으로서 성공을 거뒀다. 그것도 대성공을!

사과에 담긴 사연을 알게 된 소비자들은 이 사과를 보통 사과의 두 배에서 세 배로, 심지어 최대 열 배 값으로 구입하기 시작했다. 결국 아오모리현의 농가들은 태풍으로 낮아진 수확량의 피해를 극복하고 예년과 비슷한 수익을 올릴 수 있었다고 한다.

1991년의 태풍은 아오모리현 사과 농가에 큰 절망을 안겨 주었지만 이렇게 신화적인 스토리텔링을 만들며 결국 '합격사과'라는 상품을 생산해 낸다. 그해 나뭇가지에 걸려 있는 사과는 재배 과정이 특이해서, 혹은 농약을 치지 않아서 인기를 얻은 것이 아니다. 그냥 나뭇가지에서 떨어지지 않았다는 그 자체로 이야기가 확대 재생산되어 인기를 끌었다. 무려 '태풍을 견뎌낸 사과'라는 특징은 강력한 마케팅 요소가 될 수 있었던 것이다.

이후 여름철 태풍을 이겨 낸 합격사과는 일본 대학입시철의 대표적인 선물로 자리매김했다. 이 사례를 본 우리나라에서도 해마다 대학입시철이 될 즈음에 의성, 군위, 안동, 영양 등 사과 재배가 활발히 이루어지는 경북 지역의 사과가 여름 태풍을 이겨 낸 합격사과로 상품화됐다. 합격사과라는 이야기에 더해 당도를 올리며 과육을 단단하게 만들어 품질까지 높여, 엿과 찹쌀떡만큼이나 소비자의 관심을 끈다고 한다.

이렇듯 코카콜라의 산타클로스 이야기나 합격사과의 이야기는 기본적으로 상품의 판매를 위해 꾸민 이야기에 불과하다. 그 안에는 어떠한 과학적 증거나 수학적 법칙이 존재하지 않는다. 단지 상품 판매를 극대화하기 위한 목적만이 존재한다. 그렇다면 상품 판매에 스토리텔링이 활용되는 이유는 무엇일까?

그 이유는 인간 고유의 기억 용량과 관련 있다. 인간은 기본적으로 모든 현상과 상황을 기억해 낼 수 없기 때문에 기억하기 쉬운 방식을 선택한다. 마케팅 영역에서 상품 판매자는 두말할 것도 없이 잠재적인 소비자가 상품을 지속적

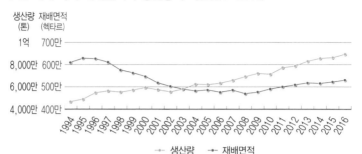

출처: FAOSTAT 참고.

으로 기억해 주고, 계속 구매해 주길 원한다. 그래서 고안
해 낸 것이 스토리텔링 기법이다. 사람들은 첫 번째 데이트
나, 졸업, 소풍 등 인생에서 인상적으로 남았던 기억을 오
래 유지하는데, 바로 이러한 일화적인 기억episodic memory[18]
을 활용한 기법이 스토리텔링 마케팅 기법이다. 이 기법은
소비자가 상품을 장기 기억long-term memory하도록 일화나 이
야기를 제시하는 방식이다.

　UN식량농업기구FAO에 따르면, 2016년에 전 세계 사과의
총생산량은 8,900만 톤 이상이다.[19] 수확기나 색깔 등에 따
라 재배되는 품종도 700여 종에 이르며, 우리나라만 봐도
10여 개의 품종으로 구분된다.[20, 21] 이렇게 헤아릴 수 없이 수
많은 사과를 일일이 기억하기란 여간 어려운 일이 아니다.

특히 식량이나 작물이 아닌 상품으로서 값어치를 높이려면 광고 같은 마케팅 수단을 빌려 경쟁적인 노출 전략을 펼쳐야 소비자의 기억 한 조각이라도 훔칠 수 있을 것이다. 따라서 합격사과 이야기는 어찌 보면 사과가 하나의 상품으로 포장되어 소비자에게 전달되기 위해 필연적으로 선택되어야 했던 마케팅 전략인 것이다.

사람들은 이제 수많은 사과 중에서 맛이나 크기, 품종 같은 것으로만 사과를 구분하기 어려워한다. 가난을 극복하여 성공한 연예인이 사람들의 뇌리 속에 오래 남고, 불가능해 보이는 선거를 이겨 낸 정치인이 유권자의 이목을 끌 수 있듯이, 의미 있는 스토리가 담긴 사과만이 소비자의 기억을 붙잡을 수 있고 잘 팔릴 수 있다. 코카콜라는 성 니콜라우스라는 역사적인 인물의 삶을 새로운 스토리로 엮어 내어 그것을 코카콜라라는 상품과 연결시켰다면, 합격사과는 실제로 태풍을 겪어낸 사과 이야기를 상품화해 출시했다는 점이 차별적이다.

소비자는 합격사과를 한 입 씹으면서 그 과즙을 혀로 느끼기 이전에 태풍을 이겨 낸 사과의 역사를 뇌로 받아들인다. 태풍으로 비바람이 세차게 몰아치는 상황과 나뭇가지 끝에서 떨어지지 않으려고 안간힘을 냈던 합격사과의 실제 과거는 그대로 이야기로 구성되어 소비자의 장기 기억 저장고에 남게 되는 것이다. 그리고 이러한 기억들은 구매 행위로 이어져 결국 '합격'사과의 판매량을 늘리게 된다.

우리가 구매하는 합격사과는 장미과의 사과나무에서 재배된 그 열매였을까? 아니면 태풍을 이겨 낸 그 사과 열매의 자랑스러운 기억이었을까? 구약성경과 뉴턴, 아이폰까지 참 많은 곳에서 활용된 사과라는 과일은 이제 합격상품이라는 지위까지 얻게 되었다. 모두 이야기가 가진 힘 덕분이다.

이야기를 위한, 이야기에 의한, 이야기의 커피

"밥을 사 주셨으니 커피는 제가 사겠습니다."

점심시간 우리나라 직장인의 흔한 대화 내용이다.

2016년 성인 1인당 연간 커피 소비량은 드디어 377잔을 기록했다.[22] 377잔이라는 숫자는 1년간 커피를 하루 한 잔씩 마시고도 12잔을 더 마셔야 하는 양이다. 커피 섭취량은 2012년에 288잔으로 시작해 5년 동안 매년 평균 7%씩 늘어나 2016년에는 결국 377잔에 이르렀다. 우리나라는 이제 성인 1인이 하루 한 잔 이상 커피를 마시는 나라가 된 것이다.

우리나라에서 커피를 마시는 시간대는 점심 식사 후의 비율이 가장 높고(27.6%), 가장 많이 마시는 장소는 회사다(34.1%). 그러니 회사원들의 점심 식사 후에는 자연스레 커피숍에 사람들이 몰린다. 회사 동료 누군가가 밥을 샀다면 이 '밥빚'을 굳이 커피로 갚는 것이다. 또한 회사 안에서 삼삼오오 모여 커피를 마시는 광경도, 회의할 때 커피를 마시는 광경도 이제는 익숙하다.

'밥을 먹었으니 커피를 마셔야지'라는 인식이 만들어지기까지 꽤 긴 시간이 걸렸으나 이제 커피는 하루 세 끼, 즉 '삼식三食'과 다름없는 음식이다. 과거 커피를 즐겨 마시지 않았던 우리 민족이 현재는 밥을 먹으면 자주 커피숍에 들르는 민족으로 변모하고 있다고 할 법한 현상이다.

이처럼 커피는 대개 식사 시간 이후 즐기는 음료이지만 일부는 식사 대용으로 이용되기도 한다. 카푸치노cappuccino가 그렇다. 카푸치노는 커피에 우유를 섞어 계핏가루를 뿌려 만든 커피로 이탈리아 커피의 한 종류다. 우유를 섞은 커피라는 점에서 카페라테caffè latte와 비슷하지만 우유의 양은 카푸치노가 더 적다는 차이가 있다. 어쨌든 우유를 섞은 음료이기 때문에 카푸치노는 이탈리아에서 아침 식사 대용으로 취급되고, 오후 시간대에는 판매하지 않는다고 알려져 있다.[23] 그러니 이탈리아에서 카푸치노는 아침식사 때 마시고 점심에는 마시지 않는 것이 일반적이다.

이렇듯 카푸치노는 이탈리아의 일상과 밀접한데, 그 이름은 어디에서 왔을까? 두 가지 설이 거론된다.

하나는 이탈리아 프란체스코회의 카푸친Capuchin 수도회 수도사들이 입는 수사복과 모양이 같아 붙여졌다는 설이다. 카푸친 수도회의 수사들이 머리를 감추기 위해 쓴 모자가 마치 카푸치노의 커피 거품과 우유 거품이 서로 섞인 모습 같다는 것이다. 또 다른 하나는 수사복의 색깔이 카푸치노의 색깔과 같아 붙여진 이름으로 여겨지기도 한다.[24]

카푸치노와 같이 커피 이름은 대부분 이탈리아어에서 생겼다. 에스프레소espresso는 '빠른'이라는 뜻, 카페라테에서 라테는 우유를 뜻하고 마키아토macchiato는 '점, 얼룩진' 등의 뜻으로 커피 우유 거품의 얼룩 모양을 본떠 만든 말이다. 아메리카노americano 역시 이탈리아인 입장에서 '에스프레소에 물을 타서 연하게 마시는 미국인의 커피'라는 뜻에서 나왔다.

오늘날 우리나라에서는 커피의 대명사가 아메리카노다. 그런데 이 아메리카노가 원조 커피인 에스프레소의 아류에 불과하다니 참 재밌는 일이다.

커피의 재미있는 이름들

카푸친 수도회의 수사복

대부분이 이탈리아어에서 왔으니 서양에서 이탈리아의 1인 당 커피 소비량이 가장 많을 것 같지만 실제로 그렇지는 않 다. 2017년에 발표된 통계를 보면 유럽과 북미 지역을 통틀 어 커피를 가장 많이 소비하는 나라는 핀란드다.[25] 다음으 로 네덜란드, 스웨덴 순인데, 이탈리아는 대부분의 커피 이 름을 만든 나라지만 그렇다고 가장 많이 마시는 나라는 아 니라는 것이다.

커피를 많이 마시는 국가가 커피를 많이 생산하는 국가 와 일치하지도 않는다. 커피 하면 브라질, 베트남, 인도네 시아, 콜롬비아, 인도 등이 대량 생산국으로 꼽히는데 이들 나라가 소비를 많이 하는 것은 아니다. 그렇다면 커피의 소 비는 무엇과 연관성이 있을까?

커피는 이제 우리 일상의 한 부분을 차지하고 있는 기호 식품이다. 많은 사람이 이제 밥을 먹고 커피를 마시지 않으 면 뭔가 개운치 않다고 느낀다. 커피를 마셔야 하루를 시작 한다는 사람도 있다. 캐나다에서는 가장 흔히 마시는 음료 가 커피로 조사되기도 했다. 수돗물이나 생수보다도 많이 마시며, 우유, 주스보다도 월등히 더 많이 마시는 것으로 나타났다.[26] 갈증날 때 습관처럼 물을 마시듯이 커피를 마 시고 이러한 생활이 문화로 정착되면 소비는 늘어날 수밖에 없다.

▍유럽과 북미 지역의 1인당 커피 소비량

(단위:kg)

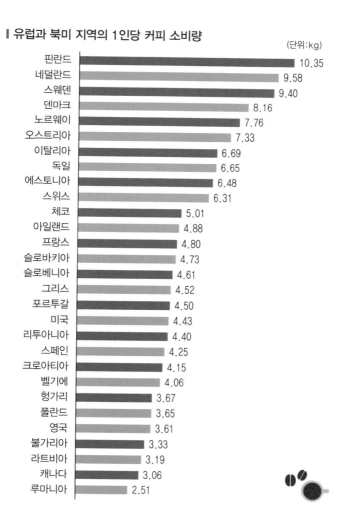

핀란드	10.35
네덜란드	9.58
스웨덴	9.40
덴마크	8.16
노르웨이	7.76
오스트리아	7.33
이탈리아	6.69
독일	6.65
에스토니아	6.48
스위스	6.31
체코	5.01
아일랜드	4.88
프랑스	4.80
슬로바키아	4.73
슬로베니아	4.61
그리스	4.52
포르투갈	4.50
미국	4.43
리투아니아	4.40
스페인	4.25
크로아티아	4.15
벨기에	4.06
헝가리	3.67
폴란드	3.65
영국	3.61
불가리아	3.33
라트비아	3.19
캐나다	3.06
루마니아	2.51

출처: Statista(2017).

그런데 과거에 커피가 단순히 사람들이 선호하는 음료 정도로 여겨졌다면 오늘날과 같이 습관처럼 마시는 음료로 정착되기 어려웠을 것이다. 역사적으로 커피 마시기가 생활 습관화된 데에는 커피를 마시는 공간이 큰 역할을 했다.

오늘날에야 커피가 흔한 음료라서 전파된 지 오래된 것 같지만, 실제 커피는 17세기 초에야 유럽에 소개되었고 대중화되는 데 시간이 좀 걸렸다.[27] 유럽에서 커피숍 형태의 '카페'가 탄생하면서 근대의 도시생활이 성장하는 데 큰 영향을 미쳤다.[28] 당시 카페는 단순히 커피를 판매하는 공간이 아니라 대화의 장소로 부각되었던 것이다. 카페는 사회적으로 자리를 함께할 수 없는 사람들이 함께 모일 수 있는 공간이었다. 지위나 계층을 타파하는 모임과 토론의 장소로 카페가 자주 활용된 것이다. 따라서 카페라는 공간이 사람들 간의 소통을 도왔고 이를 통해 근대 도시의 사교적인 풍조도 확산되었다.

이쯤 되면 사람들이 커피를 단순히 갈증 해소나 맛을 위해 선택했다고 보기 어렵다는 것을 알 수 있다. 커피의 맛은 혀끝에서 전달된다. 그러나 재미있는 커피의 이름을 말하고 듣는 것은 귀로, 밥을 먹었으니 커피를 마시자는 신호를 보내는 것도 귀로, 커피 없이는 못 살겠다고 너스레를 부리는 것도 귀로 전달된다. 우리는 커피의 맛을 기억하는 데에서 나아가 커피의 이야기와 역사를 기억하고 커피로 맺은 친교를 기억하며 커피로 인한 누군가의 생활습관을 기억한다.

언어와 대화로 이루어진 일상의 커뮤니케이션 활동이 커피를 선택하고 섭취하는 행동에도 영향을 미치고 있는 것은 전혀 이상하지 않다. 단지 커피 마시기가 삼식과도 같은 먹을거리 섭취의 의식儀式에 가까워지게 되었으니 사회적 커뮤니케이션 활동과 커피 마시기가 이제는 동시에 이뤄지는 행동양식이 되어버린 것은 특이한 현상이다.

이제는 어두컴컴한 도서관보다 커피전문점에서 공부해야 더 집중할 수 있다는 사람도 있다. 실제 커피전문점이지만 도서관 같은 성격을 띠며 운영하는 가게도 생겨나고 있다. 사람들은 커피를 마시기 위해 가게를 찾지만 이 공간을 다용도 공간으로 여기는 것이다. 커피전문점이 도서관보다 집중이 잘된다? 그럴 수 있다. 그러나 커피전문점을 공부하는 공간만큼 개인화된 공간처럼 편안하게 느끼고 있다는 말은 커피 맛만으로는 커피전문점에 가지 않는다는 말과 같다.

커피는 이제 일상이다. 우리의 많은 기억을 점령해 나가고 있다. 처음에 커피전문점이 유행할 당시에는 이탈리아식 커피 이름들이 우리 머릿속에 각인되기 시작했는데 이제는 커피로 인해 우리가 만나는 사람의 이야기나 말투며 습관을 기억할 수 있다. 누군가 커피전문점에 혼자 앉아 있는 모습은 단순히 커피를 마시는 모습이 아니다 차분하게 생각을 정리하는 모습일 수 있다. 그래서 이제 커피전문점은 대화의 공간도 되지만 이제 생각의 공간, 공부의 공간이다.

우리는 카푸치노라는 재미있는 커피 이름에 귀를 먼저 기울이고 식사를 마친 친구에게 커피 마시기를 권유하며 커피전문점을 찾아간다. 그 과정에서 대화라는 것이 일어난다. 커피전문점이라는 공간에서는 다양한 생각이 진전된다. 커피를 매개로, 혹은 커피전문점이라는 공간에서 끊임없는 대화가 탄생한다. 대화는 또 대화를 낳고 생각은 또 생각을 낳는다.

이처럼 오늘날 커피를 통해 지속적으로 생산되는 생각과 대화는 일상적인 것이 된다. 그리고 생각과 대화로 끊임없이 이야기가 소비된다. 그래서 "밥을 사 주셨으니 커피는 제가 사겠습니다"라는 문장은 커피에 담긴 많은 의미를 내포하는 문장이다. 커피는 사람들을 이야기로 맺어 주고 이야기하게 하며, 이야기를 만드는 생각을 정리하게 하기 때문이다. 카푸치노라는 이름만으로도 여러 가지 이야기를 나눌 수 있는 먹을거리 커피. 이제 커피는 사람들의 이야기와 생각을 만들고 또한 사람들을 이어 주는 진정한 우리의 일상이자 습관이 되고 있다.

혼술 하세요?

먹을거리의 역사를 들여다보면, 사회가 점점 자본화되고 먹을거리 관련 상품이 다양화되면서 음식이 단순히 몸의 에너지를 만들고 지탱해 주는 기능 외에 여러 가지 역할을 하는 것을 발견할 수 있다.

음식을 통해 사람과 사람 간에 관계가 형성되고 대화가 시작된다. 삶을 지탱하기 위해서는 영양소를 규칙적으로 섭취해야 하므로 이 '먹는다'는 행위는 인간이 태어나고 죽을 때까지 지속되어야 하는 숙명과도 같다. 그러니 이 인간의 공통된 숙명을 기반으로 관계 맺기나 대화가 더 쉬울 수 있는 것이다. 누구나 해야 하는 일이 먹는 행위이므로 이 먹는 행위를 함께하는 것만으로도 생활의 일부를 공유하는 사이가 되며 친교를 맺기 쉬워진다.

술이라는 먹을거리는 더욱 그렇다. 술을 밥처럼 규칙적으로 마시는 사람도 있겠지만(?), 대부분의 술자리는 좋은 일 혹은 좋지 않은 일을 경험하거나 미래에 경험할 일을 이야기로 나누고 마음을 다잡는 자리가 많다. 축하를 하거나 회포를 풀고 이를 통해 그간 쌓인 감정을 쏟아 내는 자리가 술자리인 것이다.

그런데 요즘 사람들은 이런 술자리를 혼자 만든다. 이른바 '혼술'이다. 이번 파트가 이야기와 매개된 먹을거리를 다룬다는 점을 생각해 볼 때, 혼술은 좀 맥락이 닿지 않는 것도 같다. 우리나라는 특히나 사람 간의 관계를 형성하는 데 술이 빠질 수 없는 문화인데, 혼술이 유행처럼 퍼지는 상황이 생겨난 것이다. 왜 우리나라 사람들은 혼술을 하게 되었나? 혼자 술을 마실 만큼 술이 우리 삶에서 빠질 수 없는 것이라 그러한가?

경제협력개발기구OECD에서 제시하는 통계를 살펴보자. 알코올 소비량을 보면 OECD 주요국들 중에서 15세 이상이 소비하는 술의 양은 프랑스가 가장 많다. 연간 11.9리터 정도 마신다.

조사된 국가들 중에서는 우리나라도 높은 편이다. 한 사람이 1년에 9.1리터 정도 마시는 것으로 나타난다.[29] 술에

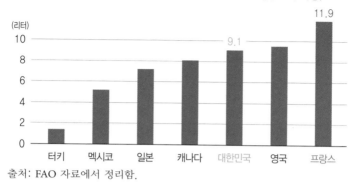

▍2015년 OECD 주요국의 연간 1인당 알코올 소비량(15세 이상)

출처: FAO 자료에서 정리함.

관한 한 나라마다 구매 가능한 연령도 다르고 사회적 상황도 다르다. 그러니 참고로만 보는 것이 좋겠다. 어찌되었든 우리나라의 술 소비량이 OECD 국가 중에서도 높은 수준이라는 점을 상기하자. 우리는 일단 다른 나라와 비교해도 알코올 소비량이 많은 나라임에는 분명하다.

그럼 우리나라 사람은 술에 대해 어떻게 생각하고 있을까? 여기에도 재미있는 통계가 있다.

한 시장조사전문기관이 전국 만 19~59세 사이의 음주 경험이 있는 성인을 대상으로 조사했더니 10명 중 8명(80.4%)이 사회생활을 위해서 어느 정도 술을 마실 수 있어야 한다고 답했다.[30] 남녀 모두 그렇게 생각하는 것으로 나타났는데, 특이하게도 젊은 사람일수록 술을 잘 마시는 것

❙ 술을 마시는 이유(Base: 전체, N=1,000, 단위: 중복%)

술자리 분위기를 좋아해서	52.2
살짝 취하는 기분이 좋아서	46.3
스트레스가 쌓여서(스트레스 해소를 위해)	41.8
만나는 주위 사람들이 술을 좋아해서	33.0
회식 및 정기적으로 만나는 모임이 많아서	32.7
가벼운 목축임을 위해	20.1
하루의 마무리를 짓는 느낌이 들어서	19.8
술을 마시면 피로가 풀리는 것 같아서	15.1
술을 마시지 않으면 사람들과 왠지 어색해서	11.5
잠이 잘 오지 않아서	8.5
술 마시는 것 말고는 딱히 할 게 없어서	8.4

출처: 트렌드모니터(2016).

이 능력이고 그것으로 인정받을 수 있다고 답했다.

우리나라가 경쟁 사회이고 스펙spec 사회가 되다 보니 이제 술을 마시는 것도 스펙으로 여기는 젊은 세대의 세태가 반영된 것인가. 술이야말로 삶을 위로하고 편안하게 즐기기 위한 위락慰樂의 도구로만 쓰일 듯한데 사람들의 생각이 꼭 그렇지만은 않은가 보다. 많은 사람이 술도 사회적인 능력의 일부고 음주 능력이 사회적 성공을 좌우할 수도 있다는 점에 동의하고 있다.

그렇다면 사람이 술을 마시는 이유는 무엇일까? 그렇다. 조사 결과를 보면 술자리를 좋아해서, 살짝 취하는 기분 때문에, 스트레스 때문에, 주위 사람들이 술을 좋아해서 등으로, 술을 마시는 이유는 쉽게 예상할 수 있는 답변이 다수를 차지한다. 그런데 여기서 눈여겨볼 점이 있다. 이런 답변에 혼자서 술을 마시는 이유에 대한 답이 숨겨져 있다는 점이다.

술자리 분위기를 좋아한다는 것은 다르게 생각해 보면 혼자 마시는 술자리를 좋아할 수 있다는 말도 된다. 혼자서 술 마셔도 살짝 취하는 좋은 기분을 느낄 수 있다. 스트레스가 쌓일 때 꼭 누구와 함께 술을 마셔야 하는 것도 아니다. 혼자 술 마시고 스트레스를 풀 수도 있다. 이 외에도 사람들이 술을 좋아하는 이유 중 상당수는 많은 사람들이 모인 술자리와 전혀 상관없는 답변이 많다.

이러한 전반적인 답변의 결과와는 달리, 많은 사람들이 술을 마실 줄 아는 것을 사회적 능력으로 보고 그것으로 성공도 할 수 있다고 인식하고 있다. 응당 술은 많은 사람과 함께하는 것으로 생각하는 것이다. 실제 술을 마시는 이유를 들어보면 꼭 그렇지도 않은데 말이다.

어찌 보면 우리는 술을 혼자 먹는 데 거리낌이 없고 사람들과의 관계를 위한 술자리보다 그냥 술자리, 혹은 술 그 자체를 좋아하고 있었는지도 모르겠다. 여러 사람과의 술자리만큼이나 혼자서 술 마시기도 선호될 수 있다는 점이 조사 결과로 어느 정도는 설명되니 말이다.

그럼 혼자 술을 마시는 자리, '혼술 자리'는 어떻게 만들어질까? 사실 기념이나 푸념을 위한 자리가 많다 보니 술자리는 나와 연결된 사람과의 관계 속에서 만들어지는 경우가 많다. 그런데 혼자서 술을 마시겠다는 결심은 어떻게 이뤄질 수 있을까? 혼자만의 자리인 만큼 이 혼술을 결심하도록 만드는 것은 무엇일까? 술자리가 그립다면, 취하는 기분을 느끼고 싶다면, 혹은 스트레스 받으면 바로 그때 혼자 술을 마시고 싶은 진짜 이유는 무엇일까? 혼술은 너무나 각박한 사회에서 의지할 곳 없고 믿을 곳 없고 귀찮은 것 싫은 현대인이 스스로 결정해서 만들어 낸 문화일까?

이번에는 주종별 주류 광고비의 연간 지출 규모를 살펴보자. 총지출 규모를 대략 눈으로 봐도 2010년 이후 계속 상승 추세다. 광고비 지출 규모나 증가세는 맥주가 가장 높은데 2018년을 기준으로 맥주 시장은 3,100억 원이 넘는 돈을 광고비로 지출했다. 다음으로 소주는 260억 원 이상 광고에 들였다. 상품으로서 맥주나 소주가 전체 광고 시장에서 어느 정도의 비율로 광고비를 쏟는지 상대적으로 더 비교해 봐야 할 것이다. 그런데 여기서 주목할 만한 점은 주류 광고비의 지출 규모가 지속적으로 증가하고 있다는 것이다.

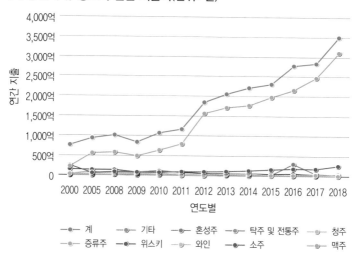

❚ 주종별 주류 광고비 연간 지출액(단위: 원)

출처: 보건복지부/한국건강증진개발원

인터넷 웹사이트나 스마트폰 앱 광고는 제외된 조사인 점을 고려해야 한다.
이를 더하면 엄청난 규모로 주류 광고가 이뤄지고 있다는 점을 알 수 있다.

상품을 광고하기 위해 지출하는 돈이 많다는 것은 무슨
의미인가? 소비자가 그 상품을 미디어에서 만날 기회가 많
다는 것이다. 맥주 광고를 TV나 라디오에서 볼 확률이 높
아진다는 것이다. 밥을 먹고 입가심을 무엇으로 할까 생각
하다가 광고에서 소개하는 맥주를 보고 후식 메뉴를 정할
수도 있을 것이다. 퇴근 후 교통체증으로 차가 막히는 동안
에 건물 꼭대기 옥외 스크린 광고를 보고선 소주를 사가지

▍매체별 주류 광고 연간 빈도(단위: 회)

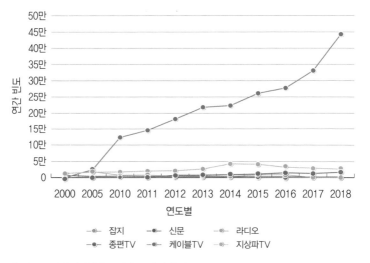

출처: 보건복지부/한국건강증진개발원

고 집에 갈 수도 있다. 광고는 우리 주변의 도처에서 발견할 수 있으며, 광고비가 증가한다는 것은 이처럼 우리가 그 상품을 발견하고 선택할 확률이 높아진다는 이야기다.

더 실제적인 수치를 살펴보자. 다음은 각 매체별로 주류 광고가 얼마나 광고되는지 그 빈도를 표기한 것이다. 케이블 TV의 주류 광고 연간 빈도가 가장 높은데 2018년을 기준으로 무려 44만 3,000회를 넘는다. 같은 기간 지상파 TV에서는 2만 6,000회 이상의 주류 광고가 나타났다. 1년 동안 케이블 TV에서는 하루 평균 1,213건 정도의 주류 광고가 방송되는 셈이고 지상파 TV에서도 하루 평균 71건 정도의 주류 광고가 방송된다. 겨우 하루 동안에 말이다!

혼술은 혼자 술을 사서 집으로 가거나 혼자 술집으로 향하면서 이뤄진다. 그 혼술을 실행하도록 결정하는 데 도움을 주는 것이 미디어라는 사실은 이제 부정할 수 없는 사실이다. 아무리 술자리의 분위기를 좋아해도, 아무리 스트레스를 받는다고 해도 술을 대체할 활동은 많다. 결국 소비자가 분위기를 즐기기 위해, 혹은 스트레스를 풀기 위해 술을 선택하는 과정에서 하루에도 수차례 반복되는 광고의 힘이 작용하지 않으리란 법은 없다.

이제 우리는 우리나라 사람들이 왜 혼술을 하는지 그 환경적인 요인을 대략 유추해 볼 수 있다. 이쯤 되면 사람들이 혼술을 왜 마시는가보다는 얼마나 어떻게 마시는가가 궁금해진다.

한 조사에서 우리나라 직장인 미혼 남녀 열 명 중에 일곱 명이 혼술을 즐긴다고 응답했다.[31] 일주일에 한두 번 정도 마시는데 마실 때 맥주 1~2캔을 마신다. 장소는 주로 집에서 마시는 비율이 높았다.

혼술을 마시는 이유를 좀 구체적으로 살펴보자. 다른 사람에게 방해받고 싶지 않고, 술자리를 오래 끌고 싶지 않으며, 부를 사람이 없어서라는 답변이 상위에 올랐다.

앞서 사람들이 술을 마시는 이유를 살펴봤는데 그 이유를 모두 충족시키면서도 자기 자신에게 효율적인 술자리가 바로 혼술 자리인 것이다. 불과 몇 년 전만해도 혼자 술을 마시는 것이 궁상맞아 보일 수 있었지만, 사람들은 이제 당장 술자리로 누군가를 챙겨야 할 상황이 아니라면 술을 마시고 싶을 때 과감히 홀로 술집 문을 열고 술을 산다. 술잔을 부딪치며 관계를 맺는 일이 이제 고리타분해 보이기까지 한다. '먹는다'는 행위는 인간이 살아가며 지속해야 하는 습관인데, 이제는 밥도 혼자 먹는 '혼밥' 시대이니 술을 혼자 마시는 것도 이상해 보이지는 않는다.

술은 여러 사람과 함께 마셔야 한다는 고정관념이 깨지고 있는 요즘, 홀로 먹는 술에도 그만의 사연이 있고 이야기가 있음을 깨닫게 된다.

누군가 술을 마시고 싶은 사연과, 술자리에서 하고 싶은 이야기가 있다고 해도 꼭 그 술자리는 누군가와 나누지 않아도 된다. 혼술 사회에서는 그렇다. 그렇다고 해서 혼술 문화로 사람들이 무한정 홀로 고독해지고 있다고 속단할 수 있는가?

홀로 술을 마시는 가장 큰 이유가 다른 사람에게 방해받고 싶지 않기 때문이라는 조사 결과를 떠올려 보자. 홀로 편리하게, 다른 사람에게 방해도 받지 않고 또한 피해도 주지 않으면서 즐기는 혼술이 나쁠 이유는 무엇이라는 말인가? 어쩌면 사람들이 모여 있는 술자리보다 혼술이 만들어 내는 자기만의 생각과 이야기가 더 의미 있는 것은 아닐까? 결국 홀로 사색의 시간을 갖는 것이니 말이다.

오늘도 방해받고 싶지 않은 개인이 혼술을 할 수 있도록 주류 광고는 열심히 노출된다. 또한 우리는 홀로 혼술의 사연을 만들어 내고 결국 술이라는 상품을 홀로 선택한다. 예전과 다른 점이 있다면 함께 선택하느냐 홀로 선택하느냐 그 차이일 뿐, 혼술을 하게 되더라도 우리 손에 들려 있는 것은 여럿이 같이 즐겼던 술이라는 그 상품이 맞다.

사람들의 이야기가 술자리를 만들 수 있지만, 오늘날에는 자신만의 이야기를 혼자 곱씹어 보려 혼술 자리가 생겨난다. 혼자만의 이야기, 혼자 간직하고픈 사색의 시간이 우리로 하여금 술을 선택하게 한다.

Part 3

배를 채우는 이미지:
캐릭터와 먹을거리

매혹하는 캐릭터들

일본의 대표적인 먹을거리인 기쓰네 우동きつねうどん과 다누키 우동たぬきうどん 이야기로 시작해 보자.[1] 음식에 맛을 더하거나 보기 좋게 만드는 장식을 '고명'이라고 하는데, 이 두 우동은 고명이 특이하다.

기쓰네 우동은 유부를 우동 위에 올려서 먹는 우동이다. 따끈한 우동 국물에 큼지막한 유부가 올라가기 때문에 우동의 면만으로 속이 허전한 사람에게 안성맞춤이다. 물론 유부를 간장, 설탕, 그리고 일본술인 미림 등으로 맛을 내야 하므로 조리법이 번거로울 수 있다.

한편 다누키 우동의 고명은 튀김 부스러기다. 쫄깃쫄깃하고 미끈한 면을 후루룩 마실 때 이 바삭바삭한 튀김 부스러기가 입에 씹히면서 밋밋한 우동 맛을 살린다.

기쓰네 우동과 다누키 우동은 우리 주변에서 흔히 먹을 수 있다. 그 이름이 기쓰네 우동과 다누키 우동인 것을 모를 수 있지만, 유부와 튀김 부스러기 고명을 떠올리면 바로 이들 우동의 식감이 떠오르며 무슨 우동인지 생각이 날 것이다.

그런데 이 두 우동에 공통점이 있다. 바로 이름이다. 기쓰네 우동의 'きつね(기쓰네)'는 여우라는 뜻이고, 다누키 우동의 'たぬき(다누키)'는 너구리라는 뜻이다. 둘 다 동물 이름이 들어가 있는 것이다. 이 둘 중 너구리는 음식 이름의 측면에서는 우리나라 사람들에게 더 익숙한 이름일 수 있다. 우리나라의 유명한 라면 이름이기도 해서 그렇다. "오동통통 너구리", "너구리 잡으러 가요."라는 유명한 광고 문구 덕에 너구리라는 동물이 여우보다는 우리에게 친숙할 수 있다는 것이다. 적어도 먹는 음식의 이름으로는 말이다.

아직도 많은 사람들이 너구리 라면이 작명된 이유를 말할 때, '면의 모양이 (오동통통이라는 단어의 느낌처럼) 도톰하니까' 혹은 '마치 너구리를 잡는다는 심정으로 먹고 싶으니까'와 같이 말하는 이유는 광고의 효과가 크다고 할 수 있다. 우리나라에서 너구리의 인지도도 라면 덕분에 올랐다고 해도 과언이 아닐 것이다.

이처럼 너구리가 일본에서는 우동 이름으로 쓰이는데, 우리나라에서는 한 라면 상품의 이름이자 마스코트로 자리 잡았다.

어떠한 상품이나 조직에서 마스코트를 정할 때 이 마스코트가 행운을 가져온다고 믿을 수 있을 만큼 매력적이어야 한다. 마스코트는 일종의 부적과도 같은 기능이 있기 때문이다. 일본에서 단순히 우동의 이름으로 쓰인 너구리가 우리나라에서 라면 상품명으로 사람들에게 각인된 것을 보자. 광고에 나온 너구리 마스코트가 로고송으로 사람들에게 확산되고 이를 통해 라면 인지도를 상승시켰다. 결국 너구리 마스코트가 라면 회사에 행운을 가져다준 부적 역할을 톡톡히 해낸 것이다.

'너구리'처럼 우리 주변에는 동물이나 인물, 혹은 가상의 캐릭터를 활용한 먹을거리 상품이 즐비하다. 이 캐릭터들은 먹을거리 상품의 포장지에 적절히 등장하여 사람들과 친숙해지고 광고에서 자신의 정체성을 드러내기도 한다. 캐릭터는 살아 있는 생물체가 아니지만 사람들이 캐릭터를 통해 먹을거리 상품과 만나고 이로 인해 그 상품과 친숙해졌다면 이때부터 캐릭터는 먹을거리를 소개해 주는, 살아 있는 광고 모델이 된다.

어린아이는 자신에게 친숙한 캐릭터가 먹을거리에 등장하면 더 큰 관심을 보인다. 캐릭터가 없는 포장지와 캐릭터로 뒤덮인 포장지 중 아이는 무엇을 고를까? 아마 아이들 대다수가 캐릭터 포장지에 싸인 상품을 고를 것이 당연하다. 어린아이 대상의 먹을거리 포장지에 캐릭터가 많이 등장하는 이유가 이 때문이다.

그래서 대형 마트의 계산대 주변에는 다양한 캐릭터로 포장된 먹을거리 상품들이 전시되어 있는 경우가 많다. 저마다 소비자에게 선택받기 위해, 특히 어린 소비자의 이목을 끌기 위해 계산대 옆 진열대에 놓여 있다. 대형 마트의 특성상 소비자는 작은 소매점에 비해 상대적으로 많은 상품을 구매하므로 대기 시간이 길어질 수밖에 없다. 이 시간은 캐릭터로 포장된 먹을거리 상품에는 중요한 마케팅 시간이다. 이 대기 시간 동안에 아이는 부모를 조르고 아이에게 지친 부모는 큰 돈 들이지 않는 선에서 캐릭터 포장의 먹을거리를 산다.

이때 아이들이 먹을거리 상품을 사 달라고 조른 것 같아 보이지만 그렇지 않다. 아이들의 눈을 집중시킨 캐릭터 때문일 뿐, 먹을거리 본연의 맛이나 영양 때문에 아이들이 그 먹을거리 상품을 골랐다고 보기 힘들다.

이번 파트에서는 캐릭터와 포장지에 담긴 이미지로 선택되는 먹을거리 상품에 대해 살펴본다. 단순한 먹을거리로 시작한 상품이 어떻게 캐릭터를 가지게 되었고 그 캐릭터로 어떻게 사람들의 관심을 끌게 되었는지, 그러면서 해당 기업이 얻은 이점은 무엇이었는지 알아보고자 한다.

모든 먹을거리 상품은 그것이 탄생한 이유가 있고 애초에 소비자에게 사랑받은 이유라는 것이 존재한다. 특정한 목적을 갖고 태어난 먹을거리 상품도 있고 특화된 맛 때문에 로열티가 지급되는 먹을거리 상품도 있다. 물론 영양분이 풍부해서 인기를 끈 먹을거리도 존재한다. 그런데 이런 상품이 우리에게 언제부터 친근한 먹을거리 상품이 되었고 왜 그렇게 되었는지 생각해 보면 캐릭터의 역할이 컸다는 점을 알 수 있다. 특히 지속적으로 미디어에 노출된 먹을거리 상품이라면 더 그렇다.

캐릭터가 등장해 소비자와 친교를 이루는 순간 그 먹을거리가 어떻게 탄생되었는가는 잊히게 마련이다. 소비자의 머릿속에는 캐릭터만 남는다. 지금부터 먹을거리 캐릭터와 이들을 새긴 포장의 친화력, 그리고 그 영향력에 대해 알아보자.

디즈니와 맥도날드가 다시 만난 까닭은?

월트디즈니사(이하 디즈니)와 맥도날드는 미국의 산업화와 함께 성장한 대표적인 기업이다. 누구나 느낄 만한 두 기업의 공통점으로는 어린아이들이 좋아하는 기업이라는 점과, 그래서 미국의 성인이라면 이 두 기업과 관련된 어릴 적의 추억 하나쯤은 있을 것이라는 점이다. 물론 사업 행보도 비슷한 부분이 많지만 대중은 이 두 기업을 떠올릴 때 아이에게 친화적인 이미지를 우선 떠올린다.

이처럼 두 기업이 아이에게 친화적인 기업이고 이를 전략적으로도 활용하고 있다는 점은 1996년에 두 기업이 협력한 사례로도 확인된다.

1996년 디즈니와 맥도날드는 일종의 마케팅 협약을 맺었다.[2] 1997년 1월 1일부터 마케팅 분야에서 서로 적극적으로 상호 협력한다는 협약이었다. 1996년 5월 23일에 이 내용을 발표하고, 1997년부터 본격적인 마케팅 협력을 시작하겠다고 한 것이다. 이 계획에 따라 두 회사는 각자 보유한 상품에 대해 마케팅 권한을 공유하게 되었다. 이를테면 디즈니 영화의 캐릭터를 맥도날드 햄버거 판매를 늘리는 데 활용할 수 있고 디즈니 영화 관객을 끌기 위해 햄버거를 사은품으로 줄 수도 있다. 디즈니와 맥도날드가 이렇게 서로 협력적으로 마케팅을 시작한 그 결과로 사람들이 두 기업의 이미지를 비슷하게 여기게 됐다면 이 사업 전략이 어느 정도 주효했다고 볼 수 있겠다.

어쨌든 상호 협력을 통해 맥도날드는 미국 플로리다주의 월트디즈니월드리조트Walt Disney World Resort에 두 개의 맥도날드 점포를 낼 계획도 세운다. 리조트 안에 '동물왕국'이라는 테마 공원이 있고 그 안에 공룡시대라는 코너가 별도로 있었는데 이 코너를 맥도날드가 후원했다. 맥도날드는 이 코너를 후원하면서, 햄버거 판매 권한을 소유하는 식으로 사업을 연결했다.

맥도날드가 디즈니 캐릭터를 햄버거 판매에 본격적으로 활용한 것이 바로 이 시기부터다.

패스트푸드 업계가 디즈니 캐릭터를 마케팅에 활용한

플로리다주에 있는 디즈니랜드

사례가 아예 없던 것은 아니다. 맥도날드의 라이벌 버거킹도 디즈니와 캐릭터 건별로 계약을 맺어 마케팅을 진행해 왔다. 그런데 맥도날드와 디즈니가 아예 제휴를 선언하고 나섰으니 당시 업계에서 충격이 컸다. 맥도날드 입장에서는 이러한 제휴를 통해 더 많은 캐릭터를 자사 상품과 연계하고 이를 통해 어린이에게 친화적인 기업 이미지를 만드는 데 도움을 받았으니 큰 성과라고 할 수 있다.

　그런데 디즈니-맥도날드의 제휴에서 맥도날드만 이익을 얻었던 것일까? 디즈니는 2006년 5월 8일 돌연 맥도날드의 아이들 대상 햄버거 세트에 대한 제휴 중단을 선언했다.

두 기업이 제휴를 시작한 지 10년만의 일이었다. 당시 어린이 비만에 대한 사회적 문제가 제기되고 있었고 그 이슈의 중심에 맥도날드가 있었으니 디즈니는 이러한 사회적 분위기가 부담스러웠던 것 같다. 1986년 이탈리아에서 시작된 슬로푸드slow food 운동이 2000년대에 이르자 전 세계적으로 큰 관심을 불러일으킨 영향도 있었을 것이다. 이래저래 디즈니의 입장에서는 자사의 캐릭터가 그려진 햄버거 세트가 비만의 원인으로 지목되는 것에 부담을 느낄 수밖에 없었다.[3] 디즈니도 핵심적인 소비자층인 어린이에게 해를 끼치는 이미지를 얻고 싶었겠는가.

하지만 역시 두 기업은 함께 길을 갈 수밖에 없었던 걸까? 시간이 흘러 2018년 2월, 다시 두 기업이 제휴한다는 보도가 나왔다.[4] 제휴 중단을 선언한 지 10여 년이 지난 후 다시 제휴를 맺는 것이었다. 디즈니가 애니메이션 몇 편의 출시를 앞두고 있고 이 애니메이션의 판촉을 공동으로 추진하기로 했다고 알려졌다. 다만 어린이 건강에 대한 이슈가 있었던 만큼 이 부분에 대해 양사가 모두 민감하게 대처한다.

맥도날드는 어린이 햄버거 세트에서 건강에 해로운 성분을 소비자가 구별할 수 있도록 하겠다고 선언했다. 디즈니는 2006년 어린이 영양 가이드라인을 처음 채택한 데 이어 2012년에 그 기준을 더욱 강화하고 별도로 식품 광고 기준도 채택했다. 아무래도 다시 제휴에 나서는 두 기업을 소비자가 어떻게 생각할지 굉장히 신경 쓰는 모양새다.[5]

우여곡절이 있지만 결국 처음에 이 둘을 연결해 주는 매개체는 캐릭터다.

디즈니는 아이에게 인기 있는 캐릭터를 워낙 많이 보유하고 있어 맥도날드 입장에서 햄버거 인기를 높이는 데 디즈니의 캐릭터가 마냥 매력적으로 보일 수 있다. 그런데 이 둘이 결별한 것도, 다시 결합한 것도 모두 먹을거리에 관한 이슈 때문이었다. 먹을거리가 아이에게 해를 끼치고 있지 않은가, 혹은 해를 끼칠 만한 부분이 해결되었는가를 가지고 결별하고 재결합도 타진했다. 캐릭터와 먹을거리의 관계를 보여 주는 좋은 예다.

맥도날드의 입장에서 캐릭터는 자사의 먹을거리 매출에 도움이 되니 적극적으로 캐릭터를 확보하는 게 이익이다. 반면 디즈니는 캐릭터를 제공하며 이익을 얻지만 자사 이미지를 훼손하는 위험은 피하고 싶다. 캐릭터가 먹을거리의 판매에 중요한 영향을 미치는데 이 캐릭터라는 것도 이미지가 손상되면 상품으로서 가치를 잃어버리고 만다. 그럴 경우 캐릭터가 담긴 상품의 가치도 하락하게 되는 것이다. 맥도날드와 디즈니 양사의 전략은 바로 이러한 인과 관계의

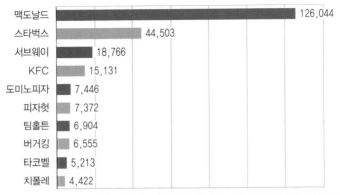

┃ 전 세계 패스트푸드 업계 브랜드 가치 순위(단위: 100만 달러)

브랜드	가치
맥도날드	126,044
스타벅스	44,503
서브웨이	18,766
KFC	15,131
도미노피자	7,446
피자헛	7,372
팀홀튼	6,904
버거킹	6,555
타코벨	5,213
치폴레	4,422

출처: Statista(2019).

틀 안에서 벌어지는 게임이다.

이 둘의 관계는 얼핏 보면 맥도날드가 디즈니의 캐릭터에게서 얻는 이점이 더 크게 느껴질 수 있다. 그러나 맥도날드는 조그마한 체인점 하나를 운영하는 기업이 아니다. 한 조사에 따르면, 2018년도 패스트푸드 브랜드 가치에서 2위인 스타벅스와도 두 배 이상 차이가 난다. 브랜드 가치로 볼 때 패스트푸드계에서는 부동의 1위인 셈이다.[6] 이렇게 추산된 브랜드 가치는 무려 1,260억 달러(한화 약 148조 5,000억 원)를 넘는다.

맥도날드가 디즈니에 캐릭터를 제휴하며 얻는 이익도

상당하지만 디즈니가 맥도날드의 마케팅 전략과 자본력의 도움을 받는다는 시각도 존재하는 것은 바로 이 때문이다. 맥도날드는 이제 전 세계적인 브랜드이고 디즈니의 사업 확장성에 견주어 봐도 전혀 뒤처지지 않는 기업이다. 오히려 전 세계적으로 퍼져 있는 맥도날드 체인점을 광고 공간으로 활용하니 디즈니의 이점이 더 커 보인다. 그래서 디즈니가 캐릭터를 굳이 맥도날드 햄버거라는 먹을거리에 담아 제휴해 보려는 시도는 전략적으로 의미가 크다.

이렇듯 디즈니는 어떤 사업을 하더라도 자사의 캐릭터를 활용할 수 있지만 캐릭터 이미지를 훼손해서도, 그 이점을 잃어서도 안 된다.

2013년에 싱가포르 환태평양경제동반자협정에서는 미국 디즈니의 저작권 보호 기간 연장을 위한 모임이 이뤄졌다.[7] 이미 미국에서는 미키마우스로 인해 저작권 보호 기간이 연장된 사례가 있다. 1998년에 통과된 소니보노 저작권 연장법Sonny Bono Copyright Term Extension Act은 미키마우스의 저작권 보호기간을 연장한다고 해서 '미키마우스 보호법Mickey Mouse Protection Act'이라고 부르기도 한다.[8]

미국에서 저작권법은 1790년에 처음 성립되었는데 당시 저작권 보호기간은 14년에 불과했다. 이후 200여 년 동안 일부의 저작권 보호 기간은 100년 내외로 늘어났다. 이 과정에서 디즈니의 미키마우스 캐릭터가 중요한 역할을 차지했기 때문에 사람들은 법률명도 미키마우스 보호법으로 달리 부르는 것이다. 덕분에 미키마우스 저작권은 1928년에 확보되어 2024년까지 소멸되지 않는다. 하지만 디즈니가 캐릭터의 소유와 권한이 중요하다는 점을 알고 있는 이상, 2024년에 미키마우스의 저작권이 소멸될지는 더 지켜볼 일이다.[9]

잘 키운 캐릭터는 한 기업과 운명을 함께 한다. 캐릭터를 통해 사업을 다각도로 확장할 수도 있고 다른 기업과 제휴도 할 수도 있다. 캐릭터는 그 자체가 판매되는 효과도 거두지만 특정한 상품과 결합하면, 특히 아이들이 좋아하는 상품과 결합하면 더 큰 이익을 가져다줄 수 있다.

맥도날드가 디즈니와 만난 것도 아이들이 맥도날드 햄버거를 더 좋아하게 만드는 전략의 일환이다. 디즈니 캐릭터로 소개되는 햄버거는 아이들의 호기심을 자극하기 충분하며 아이들은 햄버거와 더불어 디즈니의 캐릭터를 소유했다는 데 즐거움을 느낄 수 있다. 햄버거 하나를 사면 장난감을 주는 맥도날드의 상품 전략, 이제 햄버거보다 햄버거를 먹고 모은 디즈니 캐릭터 장난감이 더 인기를 끌고 있을 지경이니 이들의 전략은 성공했다.

아이가 맥도날드 매장에서 디즈니 캐릭터 장난감을 얻

고 동시에 햄버거를 먹었다면 캐릭터 장난감의 모습을 기억
속에 남길까, 아니면 맥도날드 햄버거 맛을 기억에 새길까?
아무래도 전자일 것이라는 생각이 든다. 결국 아이는 햄버
거를 입으로 먹고 캐릭터를 머리에 남긴다.

뽀빠이와 시금치

많은 부모가 채식을 하지 않는 아이 때문에 걱정이 이만 저만 아니다. 그래서 아이에게 채식을 시키는 법이나 편식 하지 않도록 아이를 양육하는 방법을 찾아 강의도 듣고 책 도 읽지만, 그렇다고 아이에게 채식 습관을 들이기란 매우 어렵다.

지금으로부터 약 30년 전인 1989년 무렵, 몇몇 국가에 서는 강요하지 않아도 아이가 시금치를 즐겨 먹는 현상이 일어났다. 우리나라에서도 같은 일이 일어났는데, 이유는 애니메이션 캐릭터 뽀빠이Popeye 때문이었다.

우리나라에서 뽀빠이는 1989년 방영된 〈뽀빠이와 아들 Popeye and Son〉이 유명하다. 뽀빠이는 미국에서 1919년 12월

신문에 연재된 것을 시작으로 해서 1930년대, 1960~1980년대, 2000년대 초반까지 TV와 영화용의 애니메이션으로 줄기차게 제작되었다.[10] 심지어 1980년대에는 게임기 캐릭터로도 등장했다. 인기도 인기지만 우리나라에서 1989년(미국에서는 1987년 방영)에 방영될 때 뽀빠이가 시금치를 먹고 힘을 낸다는 설정이 아이들로 하여금 시금치라는 채소에 호감을 느끼게 한 것이 사실이다.

애니메이션의 주된 흐름은 뽀빠이가 악당을 만나면 시금치를 먹어 힘을 키워서 악당을 물리친다는 내용이다. 시금치를 먹은 뽀빠이의 팔뚝은 정상 크기의 세 배로 팽창한다. 여기서 재미있는 사실이 발견된다. 바로 뽀빠이를 탄생시킨 작가 '엘지 크리슬러 세가Elzie Crisler Segar'가 시금치를 먹는 뽀빠이 캐릭터를 설정한 이유는 잘못된 연구 결과 때문이라는 점이다.[11]

1981년도에 발간된 영국의 한 의학 분야 학술지에 따르면, 1890년대에 시금치가 고기만큼 철분이 많다는 인식이 퍼졌으나 이는 거짓이었다.[12] 이러한 거짓은 제2차 세계대전 시기 육식을 할 수 없던 시대에 미국의 선전 도구로도 활용되었다.

시금치에 대한 잘못된 사실은 이미 1930년대 독일의 화학자들에 의해 밝혀졌다. 과학자들은 시금치의 철분 함량을 재조사하면서 시금치의 철분 함량이 원래 수치보다 열 배 넘는 높은 수치로 잘못 측정된 것을 발견했다. 애초에 시금치의 철분을 조사했던 이들이 소수점을 잘못 표시한 것이었고, 잘못된 소수점 하나로 시금치는 고기만큼 철분이 많은 채소로 과대평가된 것이다!

한편 2010년에 발표된 한 범죄학 저널에서는 엘지 크리슬러 세가가 비타민A의 함량만 보고 시금치를 뽀빠이 만화 소재로 선택했다는 주장도 나온다.[13]

이처럼 뽀빠이가 시금치를 먹고 강해지는 캐릭터가 된 이유에 대해서는 의견이 분분하다. 그러나 시금치가 뽀빠이의 팔뚝을 세 배나 팽창시킬 정도로 영양이 풍부한 먹을거리가 아닌 점은 분명하다.

그럼 뽀빠이가 먹은 시금치는 몸에 별로 도움이 안 되는 먹을거리인가? 그렇지는 않다. 예로부터 시금치는 오장에 좋고 피를 잘 통하게 하거나 소화를 잘되게 한다는 기록이 있다.[14] 특히 섬유질이 풍부하여 위나 장의 운동을 활발하게 하는 데 효과가 있고 비타민군도 다양하게 포함되어 있으니 임산부나 어린아이에게도 좋은 먹을거리라고 한다. 그 외에도 시금치의 장점은 많다. 하지만 시금치의 장점은 몸에 좋다는 일반적인 채소에서도 발견되는 장점이라 꼭 시금치에 더 후한 점수를 줄 수 있을까 싶다. 사실 시금치가 영

▌미국의 시금치 생산량과 재배면적 추이(1961~2016)

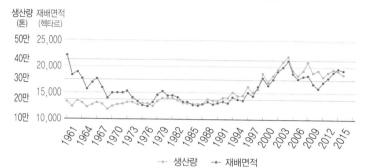

출처: FAO 자료에서 정리함.

양가 높은 채소가 된 데에는 아무래도 잘못 알려진 시금치의 철분 함량과 더불어 뽀빠이 캐릭터 효과가 컸다.

　여기서 재미있는 사실이 또 있다.

　1987년에 미국에서, 그리고 1989년 우리나라에서 뽀빠이가 인기를 끌던 바로 그즈음부터 미국의 시금치 생산량과 재배면적이 상승하는 경향을 보인다는 것이다. 물론 통계적으로 더 따져 봐야 하고 그것이 뽀빠이 때문이라고 단정할 수도 없다. 하지만 뽀빠이가 인기를 끌던 시절부터 시금치에 대한 생산량이나 재배면적이 늘어난 경향은 그래프 수치로 확인해 볼 수 있다.[15]

　앞서 말한 대로 뽀빠이가 먹는 시금치가 사람들에게 강력한 힘을 가져다준다는 근거는 어디에도 없다. 그런데 나

역시 뽀빠이를 보고 자란 세대여서인지 몰라도 어린 시절 다른 채소와 달리 시금치만큼은 거부감 없이 먹고 자란 기억이 있다. 시금치는 힘을 보충하는 영양제라기보다는 소화와 배변 활동을 촉진시키는 다이어트 푸드에 가까운데도 말이다.

뽀빠이를 좋아했던 사람에게 시금치는 강력한 힘을 생겨나게 하는 먹을거리다. 시금치의 영양성분이 잘못 알려지지 않았다면, 더불어 뽀빠이라는 만화와 애니메이션에서 시금치를 소재로 하지 않았다면 절대 일어나지 않았을 현상이다.

요양원에서 탄생한 콘플레이크

왜 아픈 사람이 육식을 하는가? 왜 아픈 사람이 자위행위에 심취하는가? 왜 아픈 사람이 채소를 먹지 않는가? 좋은 음식을 먹고 보다 정돈된 생활을 한다면 사람의 삶은 지금보다 나아지지 않을까? 1906년 한 시리얼 업체를 탄생시킨 질문들이다.

이런 질문을 생각해 낸 사람은 독실한 기독교 신앙과 절제된 삶을 추구하는 집안에서 자란 형제였다. 이 때문인지 두 형제는 주로 채식을 선호했고 문란한 생활을 배척하는 삶을 살았다.

두 형제는 미국 미시건주에 있는 배틀크리크 요양원Battle Creek Sanitarium에서 일하면서 요양원의 사람들을 관찰했다.

그런데 요양원 사람들에게서 이상한 점을 발견한다. 늙고 병든 사람이 요양원에 오는 경우가 대부분인데, 요양원에 왔다고 해서 꼭 몸에 좋은 음식을 고집하거나 규칙적인 삶을 사는 것이 아니었던 것이다. 가문 대대로 물려받은 신앙과 이를 바탕으로 한 철저한 금욕주의는 두 형제의 결심에 불을 지폈다. 아픈 사람은 더 균형 잡힌 식사를 해야 하고 보다 금욕적인 삶을 살아야 하니 그에 걸맞은 식단을 제공해 보겠다고 결심한 것이다.

이 두 형제는 대체 누구인가? 힌트를 주자면 이들 형제의 성은 훗날 최초로 곡물을 식품으로 탄생시킨 브랜드의 이름이 되었다. 정답은 바로 켈로그Kellogg다. 두 사람의 이름은 윌 키스 켈로그Will Keith Kellogg와 존 하비 켈로그John Harvey Kellogg이며, 이 두 사람이 콘플레이크 회사인 '켈로그 컴퍼니Kellogg Company(이하 켈로그)'의 설립자다.

1906년 윌 키스 켈로그는 켈로그의 전신인 '배틀 크리크 콘플레이크 컴퍼니Battle Creek Toasted Corn Flake Company'를 만들어 직원 44명을 고용했다.[16] 시작이 쉽지는 않았다. 1898년 켈로그 형제는 곡물과 견과류를 굽고 볶아 만든 시리얼 그래놀라를 만드는 데 여념이 없었는데 이들 형제는 그래놀라 제조 과정에서 거듭 실패를 맛본다. 그런데 이 과정에서 우연히 밀알이 벗겨져 조각나는flaked 것을 발견한다. 이들은

출처: 위키피디아(검색어: Corn Flakes).

1919년 신문에 실린 켈로그 광고

얇은 옥수수 조각을 만들어 낼 때까지 실험을 계속하는데, 이 과정을 거쳐 결국 시리얼 조리법 발명에 성공한다. 이른 바 최초의 콘플레이크가 탄생한 것이다.

지금이야 콘플레이크가 바쁜 현대인의 아침 식사로 통하지만 발명 당시 콘플레이크는 켈로그 형제가 요양원의 건강식으로 고안한 발명품이었다. 1919년 한 신문에 실린 켈로그 콘플레이크의 광고 문구로 "가장 결정적인 품질 검증 제안a suggestion to make a most decisive test of quality"이 쓰인 것만 봐도 이 발명품에 대한 자신감을 엿볼 수 있다.

사업 초기부터 켈로그는 혁신을 선도하는 기업이라는 이미지가 강했는데 1923년에는 식품업계에서 최초로 영양사를 고용한 회사로 알려지기도 했다. 또한 미국이 대공황에 빠진 1930년에는 교대 근무를 도입하고 사람을 새로 더 고용하기도 했다. 당시 높아진 실업률로 인해 사회적으로 불안감이 팽배했던 시기였기에 이러한 결정은 기업의 사회적 책무를 보여 주는 것이기도 했다.

이후 1940년대 제2차 세계대전 중에는 미국 군대의 전투식량K-ration의 개발에도 참여했으며, 1969년 아폴로11호의 달 탐사 동안 우주인이 먹을 아침 식사를 제공하기도 했다. 그야말로 미국의 굵직한 역사의 순간과 함께한 혁신적인 기업이었다.

켈로그로 인해 성장한 시리얼 산업은 베이비 붐 세대에게 시리얼의 편리함과 영양가를 각인시키며 급성장했다. 이 때문에 1983년에서 1988년 사이에는 시리얼 시장이 식료품 산업의 평균적인 성장세에 비해 세 배나 빠른 성장세를 보이기도 했다.[17] 그만큼 켈로그는 먹을거리 산업에서 빼놓을 수 없는 역할을 했다. 당시에는 곡물을 제품으로 만들고 한 산업군을 형성한 혁신적인 기업이었다.

이처럼 켈로그의 콘플레이크는 곡물을 가공해 음식 제품

출처: kelloggs.com

켈로그의 유명 캐릭터 토니 타이거

의 혁신 가능성을 보여 주며 대중화에도 성공했다. 이후 소비자에게 더욱 친근한 이미지로 다가가는데, 이 친근한 이미지를 위해 만든 것이 다양한 제품에 소개되는 캐릭터다.

켈로그 콘플레이크의 대표적인 캐릭터로는 녹색의 '코닐리어스 수탉Cornelius (Corny) Rooster' 캐릭터와 호랑이 캐릭터 '토니 타이거Tony Tiger'가 있다. 수탉으로는 아침을 켈로그 콘플레이크로 시작하라는 의미를 전달했고, 호랑이로는 콘플레이크를 먹으면 호랑이처럼 기운이 샘솟는다는 영양식의 이미지를 강조한 것이다. 그래서 많은 사람들이 켈로그의 수탉과 호랑이 캐릭터를 쉽게 기억한다.

출처: specialk.com

켈로그의 다양한 브랜드

사실 현재의 콘플레이크 포장을 보면 과거에 요양원에서 개발된 영양식이 맞나 싶을 정도로 화려하다. 게다가 막상 콘플레이크의 식감은 일반적인 과자와 비슷한데도 콘플레이크의 포장은 대개 화려한 종이상자에 포장되어 있다. 일반 과자처럼 비닐 소재의 포장지에만 담아서 판매하지 않는다. 그리고 그 종이상자의 포장 위에는 형형색색의 화려한 캐릭터가 그려져 있다. 마치 "이것은 일반 과자가 아니라 식사 대용 식품이니 함부로 다루지 말아 주세요"라고 설명하는 것 같다.

최근에는 켈로그의 브랜드도 다양해졌다. 식사 대용인 시리얼 외에도 다이어트 식품부터 일반 과자까지 정말 다양하다. 이렇게 켈로그 브랜드와 제품의 라인업이 다양해지는데에도 켈로그의 친근한 캐릭터가 큰 역할을 했다고 볼 수 있다. 켈로그는 설립된 지 110년도 넘었는데, 만일 이 회사가 계속해서 콘플레이크의 영양적인 측면만 강조하고 곡물 식품이어서 식사 대용으로 적합하다고 광고하는 데 그쳤다면 오늘날과 같이 제품군을 확장할 수 있었을까?

어떠한 상품이든 매출을 늘리고 이를 기반으로 브랜드를 다양화하려면 이를 구매할 소비자군을 다양화해야 한다. 켈로그의 콘플레이크가 요양원의 식단에 포함된 먹을거리에 머물러 있었다면 오늘날 같은 상품 라인의 확장은 꿈도 꾸기 어려웠을 것이다. 결과적으로 이제 켈로그는 미국 외 국가에 제품을 수출하는 국제 본부를 두고, 전 세계 160개국 이상에 다양한 제품을 수출하는 회사가 되었다.[18]

켈로그 콘플레이크가 식료품을 수입하는 나라 대부분에 수출된다는 점을 감안하면 켈로그의 캐릭터가 미치는 영향력도 상당할 것이다. 그래서인지 켈로그가 전 세계를 대상으로 마케팅을 할 때 기준으로 삼는 〈가이드라인Kellogg Company Worldwide Marketing & Communication Guidelines〉에는 흥미로운 내용이 포함되어 있다.[19]

이 가이드라인에 따르면, 켈로그는 어린이를 대상으로 광고할 때에는 아이로 하여금 '바로 지금', '꼭' 켈로그 제품을 사도록 부모를 조르게 하지 않겠다는 점을 분명히 한다. 구체적으로 광고에 '조르다pester', '계속 잔소리를 하다nag'와 같은 단어의 사용을 자제하여 아이가 부모를 성가시게 하거나 힘들게 하지 않도록 하겠다는 다짐이 가이드라인에 담겨 있다.

기업이 나서서 이러한 마케팅 가이드라인을 지키려 노력하는 것은 참 바람직한 일이다. 그러나 우리가 켈로그 콘플레이크를 보고 자연스레 토니 타이거를 떠올리듯이, 캐릭터와 친근해진 아이를 그 캐릭터와 떼어 내기란 그리 쉽지 않다.

켈로그 가문의 철저한 금욕주의에서 시작된 켈로그의 콘플레이크와 오늘날 형형색색의 종이상자에 담겨 개성 넘치는 여러 캐릭터로 소개되는 콘플레이크. 지금의 콘플레이크는 이미 요양원 환자를 위해 만들어진 요양식이 아니다. 캐릭터를 좋아하는 전 세계 160개국의 소비자, 특히 어린 소비자를 공략하는 거대 기업의 강력한 상품이다.

영원히 살아 있는 흰 정장과 나비넥타이

우리나라에서 야구는 지역민의 자존심이 표출되는 스포츠다. 각 지역마다 뚜렷하게 지지하는 구단이 있다 보니 구단의 성적에 따라 그해 지역 공동체의 분위기가 결정된다는 우스갯소리도 있다. 그래서 좋아하는 선수가 소속팀을 옮기면 그 선수를 배신자 취급하기도 하며, 경쟁이 과열되다 보면 경기 종료 후 경기장 주변에서 팬 사이에 폭력 사태도 일어나는 경우가 종종 있다. 사실 스포츠는 스포츠일 뿐인데 일명 팬심이 신앙의 성격으로 변질될 때 웃지 못할 사건이 벌어지곤 한다.

그런데 야구를 좋아하는 팬이라면 쉽게 웃을 수 없는 사건이 있다. 전 세계 야구사에 남을 일이다. 해프닝의 주인

공은 일본 효고현 니시노미야시를 연고지로 둔 일본 프로야구팀 한신 타이거즈다.

1935년 창단한 한신 타이거즈는 오랜 전통이 있는 팀이지만 뼈아픈 상처가 있다. 바로 1985년 이후에 단 한 번도 일본시리즈에서 우승하지 못했다는 것이다. 일본 프로야구는 센트럴리그와 퍼시픽리그로 나뉜 양대 리그 체제이며 총 12개의 팀이 있다. 양 리그의 우승팀이 일본시리즈에서 최종 승자를 겨룬다. 물론 우승이 무슨 당번 정하듯 순번을 정해 오는 것이 아니니 우승을 못 할 수도 있다.

그러나 한신 타이거즈는 1985년 이후 2000년대에 들어서기 전까지는 일본시리즈에 진출하지 못했고, 2003년, 2005년, 2014년 번번이 우승의 문턱에서 고배를 마셔 팬 입장에서는 답답할 지경이다. 일본시리즈에 여섯 번 진출해 단 한 번만 우승하여 프로야구 열두 개 팀 중에서 일본시리즈 승률이 제일 낮으니 더 할 말이 없다.

답답한 팬들은 원인을 찾아 사방으로 나섰다. 우승을 못 하는 이유는 무엇일까? 무엇이 문제일까? 우승을 하려면 무엇을 해야 하는가? 마침내 이들은 초자연적인 현상에서 원인과 해결책을 찾아냈다. 바로 KFC 브랜드의 상징인 커널 샌더스Colonel Sanders, 즉 '샌더스 대령'으로부터 원인과 해결책을 구해 보려 했다.

사연은 이렇다.

1985년에 한신 타이거즈가 일본시리즈 우승을 차지하자 팬들은 거리로 뛰쳐나왔다. 당시 팬들 사이에는 한신 타이거즈 선수와 닮은 사람을 도톤보리강에 던지는 전통이 있었는데, 팀의 강타자 랜디 바스와 닮은 사람을 찾을 수 없었던 팬들은 아쉬운 대로 KFC 매장의 샌더스 인형을 강에 던져 버렸다.[20] 그 이후 한신 타이거즈가 일본시리즈에 진출하지 못하고, 어렵게 진출해도 우승하지 못하는 일이 계속되는 것이다. 이를 일명 '대령의 저주Curse of the Colonel'로 부른다.

샌더스 인형을 강에 던졌기 때문에 우승하지 못한다는 징크스는 우스갯소리 같기도 하지만, 한신 팬에게는 사뭇 진지한 이야기인 것 같다. 한신 타이거즈가 좋지 않은 성적을 거두거나 우승의 문턱에서 좌절할 때마다 대령의 저주가 회자되는 것을 보면 말이다.

자, 그럼 이 남다른 징크스를 선사한 샌더스는 과연 누구인가? 커널 샌더스의 본명은 할랜드 데이비드 샌더스Harland David Sanders로, 우리가 잘 아는 브랜드인 KFCKentucky Fried Chicken의 창업자다.

샌더스는 실패에 실패를 거듭했으나 실패한 삶을 탓하기보다 묵묵히 일해 결국 KFC라는 기업을 만들어 낸 장본

출처: kfc.com

KFC의 창업자이자 마스코트인 샌더스

인이다. 그야말로 칠전팔기나 대기만성 같은 한자성어가 어울리는, 프랜차이즈 업계에서는 신화적인 인물이다.

1890년 장남으로 태어난 샌더스는 다섯 살에 아버지를 여의고, 일을 나가는 어머니를 대신해서 집안일을 도맡았다. 불우한 가정의 장남이 그러하듯, 이러저러한 직업을 전전한 샌더스에게 행운은 따르지 않았다. 결국 재혼한 의붓아버지의 폭력으로 불화를 겪고 집을 나가고 만다.[21]

여기까지는 흔히 보는 불우한 가정의 장남 이야기다. 그러나 샌더스는 남달랐다. 실패를 거듭한 그는 40세에 주유소에서 일하다가 자신의 재능을 발견한다. 바로 닭고기 요리였다. 샌더스는 주유소에 찾아온 손님에게 대접할 닭튀김 요리를 개발했는데, 이 요리가 성공을 거둔 것이다. 결국 이 성공으로 말미암아 닭튀김요리 레스토랑을 창업했으며, 1936년에는 켄터키주 주지사로부터 켄터키 대령Kentucky colonel이라는 칭호를 받을 정도로 사업적으로 성공을 거뒀다. 당시 미국 남부에서는 명예로운 일을 한 사람에게 '대령'이라는 칭호를 수여했는데, 샌더스는 지역사회의 대표적인 요리를 개발했기에 이 칭호를 받은 것이다. 이 때문에 샌더스는 샌더스 대령으로 불리기 시작했다.

하지만 사업 초기부터 운영하던 식당은 적자를 거듭했고 결국 파산했다. 샌더스는 주정부에서 지급하는 생계비로 근근이 살아가는 신세로 전락한다. 하지만 그는 사업가들에게 1,000번 넘게 문전박대를 당하면서도 65세의 나이가 되는 1950년, 사업 재기에 성공한다.[22] 이 이야기는 기업인의 성공 신화를 언급할 때 빠지지 않고 나오는 이야기이기도 하다.

샌더스는 사업 재기에 성공하고 죽는 순간까지 영업 활동을 이어 갔던 것으로 유명하다. 그는 청결한 레스토랑과 일한다는 철칙을 고수했고 음식 맛이 떨어지는 것을 결코 참지 않았다.

샌더스는 CEO에서 물러난 뒤에도 KFC 홍보대사를 자처하며 미국 전역에서 홍보 활동을 했다. 1980년 90세의 나이에 죽는 그 순간까지도 그는 하얀 양복을 입고 있었다. 당시 KFC는 전 세계 48개국에 매장 6,000여 곳을 연 대기업으로 성장한 상태였다.[23] 그는 실패 속에서 절망하지 않고 끝내 자신의 삶을 성공으로 마무리했다. 그래서인지 흰 정장을 입고 인자한 미소를 짓는 그의 모습은 한편으로 울림을 주기도 한다.

샌더스가 한창 영업 활동을 활발히 할 때 입고 다니던 흰 정장의 단벌 차림. 이 흰 정장은 훗날 그의 청결한 성격으로 해석되기도 했다. 샌더스는 사업을 시작한 처음부터 마지막까지 열정적으로 살았으며 음식의 맛과 청결에 남달리 고집스러운 면모를 보이고 떠났다. 그래서 흰 머리, 흰 콧수염, 흰 정장, 나비넥타이는 이러한 그의 면모를 한껏 드러내는 상징으로 남았다.

한신 타이거스 야구팀에 대한 샌더스 대령의 저주가 설득력 있게 다가온 이면에는, 이렇게 열심히 살다 간 인물에 대한 존경과 미안함이 뒤섞인 심리가 작용하지 않았을까? 비록 강에 던진 대상이 인형이었다 해도 말이다.

세계적인 기업인 KFC에 샌더스 캐릭터가 미친 영향력은 매우 크다. 우리나라에는 샌더스가 세상을 떠난 후인 1984년에 KFC 프랜차이즈가 들어왔다. 사람들은 샌더스 캐릭터를 KFC보다 먼저 기억했으며, 심지어 매장 앞에 서 있는 이 할아버지를 단순한 광고 모델로 아는 사람도 있었다. 그만큼 캐릭터이자 마스코트로서 그의 영향력은 컸다. 이 때문에 KFC는 실존 인물이자 직접 경영 일선에서 뛴 사람을 회사의 마스코트로 활용해 성공한 거의 유일한 프랜차이즈 기업이기도 하다.

많은 사람이 KFC를 패스트푸드점이라고 생각하지만 이는 오늘날에 생긴 인식이다. 샌더스가 칠전팔기 정신으로 설립한 KFC는 맛과 위생적인 면에서 깐깐한 프랜차이즈 레스토랑 그룹이다. 샌더스가 90세로 죽기 전까지도 흰 정장을 입고 활동했고, 죽는 순간에도 흰 정장을 입었고, 흰 정장을 입고 묻혔다는 이야기를 들으면 그가 KFC를 어떻게 생각했을지 대략 짐작할 수 있다. 단순한 영업적인 술수로 보기에는 무시할 수 없는 한 요리사의 일념—念이 느껴지기 때문이다.

그가 세상을 떠난 지 오래되었으나 KFC는 대표 캐릭터를 샌더스 얼굴과 인형 말고 다른 것으로 바꿀 계획이 없는 듯하다. KFC는 샌더스 캐리커처가 들어간 로고를 1952년부터 사용해 왔으며[24] 아직도 그는 매장에서 로고와 동상을 통해 우리에게 미소를 보이고 있다. 그의 캐릭터는 여전히 치킨 상자에서 혹은 매장 앞에서 우리를 반기고 있다. 샌더스는 KFC와 함께 여전히 살아 있다.

캐릭터를 먹고 즐기다

2012년 10월, 세계적인 다큐멘터리 잡지인《내셔널지오그래픽》은 프랑스 북동부에서 채취한 벌꿀 사진을 게재했다.[25] 사진에 나타난 벌꿀은 여러 가지 색을 하고 있었다. 본래 벌꿀은 거의 무색에서 진한 갈색 정도의 빛깔이어야 하는데, 어찌된 영문인지 여기서 채취된 벌꿀은 청색이나 녹색 등 기존 벌꿀과 전혀 다른 색깔이었다. 결국 이 벌꿀은 특이한 색깔 때문에 벌꿀 생산 기준에 미달해 판매되지 못했다.

이 특이한 현상을 보고 양봉가들이 조사에 나섰는데, 이 꿀을 만든 벌들이 꽃에서 꿀의 재료를 가지고 온 것이 아니라는 점을 알아냈다. 벌들은 대체 어디서 재료를 얻었기에 이런 형형색색의 꿀을 생산했을까?

답은 초콜릿 캔디로 유명한 엠앤엠즈M&M's에 있었다. 엠
앤엠즈 초콜릿을 떠올려 보자. 초콜릿 겉면이 다양한 색으
로 코팅된 것이 엠앤엠즈 초콜릿의 트레이드마크이다. 꿀벌
들은 멀지 않은 곳에 버려져 있던 엠앤엠즈 초콜릿의 겉껍
질 폐기물을 먹고 이런 형형색색 꿀을 생산한 것이다. 문제
가 발생한 후에 폐기물은 꿀벌이 접근하지 못하도록 밀폐되
었다. 엠앤엠즈는 그 폐기물을 먹은 꿀벌 덕분에 벌꿀 생산
자(?)가 될 수 있었다.

일벌은 벌 중에서도 수명이 짧은 편이다. 특히 여름에
번데기에서 성충이 된 일벌은 상대적으로 많은 노동량 때문
에 50일 정도밖에 살지 못한다. 가을에 태어난 일벌도 겨울
에 꿀을 얻기가 힘들다 보니 길게 살아 봐야 이듬해 봄까지
살아 낸다.[26] 이 일벌에게 엠앤엠즈는 꽃을 찾아 헤매는 노
동력을 조금이라도 줄여 주었으리라.

그런데 이렇게 만들어진 벌꿀이 인간의 기준으로는 상
품으로 인정받지 못했다. 인간이 만든 상품을 바탕으로 벌
이 꿀을 생산했는데 그것이 상품으로 인정받지 못하다니,
참 아이러니한 일이다.

일벌에게 컬러 꿀의 원료를 제공한 엠앤엠즈는 초콜릿
캔디 회사다. 그런데 일반적으로 초콜릿 하면 갈색을 떠올

리기 쉽지만 엠앤엠즈의 초콜릿 색깔은 빨강, 노랑, 파랑, 연두, 검정 등 다양하다. 그야말로 형형색색이다. 아마 일벌이 엠앤엠즈의 겉껍질 폐기물이 아닌 초콜릿 잔해를 먹었다면 벌꿀의 색깔은 진한 갈색쯤 되었을 것이다. 하지만 엠앤엠즈 겉껍질 폐기물을 먹었으니 벌꿀 색깔도 엠앤엠즈 겉껍질처럼 변한 것이다.

그렇다. 엠앤엠즈는 초콜릿 캔디 상품인데 이 형형색색의 캔디 표면에 'm'이라고 쓰여 있는 것이 특징이다. 이 겉껍질 덕에 유명해졌다.

엠앤엠즈의 역사는 1941년으로 거슬러 올라간다.[27] 제2차 세계대전 중인 1941년에 군사 식량으로 소개되면서 상품으로 첫발을 내딛었다. 열대 기후에서 녹지 않고 휴대할 수 있는 초콜릿이 필요했던 군인에게 엠앤엠즈는 획기적인 상품이었다. 1950년에는 'm'을 초콜릿 표면에 새겨 넣는 트레이드마크를 선보였다. 엠앤엠즈가 현재와 같이 다채로운 초콜릿 상품으로 탈바꿈한 것은 1960년의 일이다. 당시 엠앤엠즈는 빨강, 녹색, 노랑 색깔의 상품을 선보였고, 이를 통해 색 표면에 'm'을 새긴 현재 모습을 갖추게 되었다.

처음에 군사 식량으로 출발했기 때문에 엠앤엠즈의 'm'이 혹시 군대를 뜻하는 영어 단어 'military'와 관련 있다고 생각하는 사람이 있을 듯한데, 사실 엠앤엠즈는 사업을 위

표면에 m을 넣은 초콜릿

해 파트너십을 맺은 포레스트 마스Forrest Mars와 브루스 머레이Bruce Murrie의 성을 딴 것이다. 즉 이름 자체는 군대와 관련이 없다.[28]

엠앤엠즈는 손에서 녹지 않는 초콜릿으로 이름을 날렸다. 1954년에 등장한 "입에서는 녹지만 손에서는 녹지 않습니다!Melts in Your Mouth, Not in Your Hands!"라는 광고 문구는 수많은 초콜릿 애호가의 눈길을 확 끌어당겼다. 손에서 녹지 않는 상품에 대한 아이디어는 스마티스Smarties라고 불리던, 영국 군대에서 먹던 작은 알약 크기의 초콜릿 캔디에서 힌트를 얻은 것이라는 설이 있다.[29] 엠앤엠즈는 이와 같은 상품의 성질을 차용해 고유한 특징으로 포장하는 데 성공했으며, 이를 통해 초콜릿 업계의 새로운 공식을 써 나갔다. 이후 엠앤엠즈의 초콜릿은 타사의 초콜릿 캔디 상품과 차별화된 이미지를 형성할 수 있었던 것이다.

그런데 1954년의 저 유명한 광고 문구와 함께 공개된 것이 또 하나 있다. 바로 엠앤엠즈의 애니메이션 캐릭터다. 원형의 엠앤엠즈가 얼굴과 몸통으로 만들어진 캐릭터가 탄생하여 이 캐릭터가 처음으로 TV를 통해 공개되었다.

이때부터 엠엔엠즈의 초콜릿 캔디는 머리와 몸통과 팔다리가 포함된 캐릭터로 묘사되었다. 손에 쥐어도 녹지 않고, 캐릭터까지 귀여운 초콜릿이라는 이미지는 기존 초콜릿 캔디와 차별화되는 계기를 만들었다. 그래서 당시 광고는 엠앤엠즈가 캐릭터를 앞세워 친근함을 강조하면서 초콜릿 캔디계의 독보적인 상품으로 자리 잡는 데 일조했다.

엠엔엔즈는 빨강색과 노란색 캐릭터를 대표 캐릭터로 내세워 꾸준히 마케팅해 오면서 1997년도에는 최초로 녹색의 여성 캐릭터를 선보였다. 같은 해 미국 최고의 관광도시인 라스베이거스 MGM 그랜드 호텔 옆 건물에 엠앤엠즈 월드M&M's World라는 매장을 개장하기도 했다.[30] 이 매장은 입구부터 형형색색의 초콜릿 인형을 즐비하게 늘어놓아 관광객의 이목을 끈다. 매장 안에도 초콜릿 상품 이외에 각각의 캐릭터를 소재로 한 다양한 장난감과 상품을 판매하고 있다. 엠앤엔즈의 캐릭터는 레드Red, 옐로Yellow, 그린Green,

블루Blue, 오렌지Orange, 미스 브라운MS. Brown 등으로 구성되는데 이들 캐릭터를 활용한 장난감과 생활용품 들이 엠앤엠즈 월드 안에 빼곡히 정리되어 있는 것이다.

초콜릿을 좋아하지 않는 사람이라도 엠앤엠즈 월드에 가면 엠앤엠즈의 귀여운 캐릭터에 호감을 가지기 쉽다. 현재 엠앤엠즈 월드는 미국, 영국, 중국의 주요 도시인 라스베이거스, 뉴욕, 올랜도, 런던, 상하이에 개장한 상태다. 최근 우리나라의 대형 마트에도 엠앤엠즈 캐릭터 장난감과 함께 구성된 초콜릿 상품을 어렵지 않게 발견할 수 있다. 처음에 엠앤엠즈의 창업자가 단단한 껍질이 있는 초콜릿을 생산하기로 마음먹었을 무렵, 캐릭터 개발을 우선적으로 염두에 두지는 않았을 것이다. 초콜릿의 휴대성에 철저히 집중하고 그에 맞춰 상품을 개발했다. 꽃에서 꿀을 구하던 일벌은 한번 엠앤엠즈 껍질의 폐기물을 먹고 형형색색의 벌꿀을 생산한 것인데, 일벌은 그저 엠앤엠즈 껍질의 단맛에 끌렸을 것이다. 겨울철 꽃을 찾지 못하는 일벌에게 이 단맛은 꿀의 재료로 오인될 만하니 말이다. 이처럼 어떤 상품은 의도치 않은 결과를 만들어 낸다.

오늘날의 소비자는 엠앤엠즈 초콜릿이 손에서 녹지 않는다는 점이나 자체의 단맛에는 큰 관심이 없는 듯하다. 엠앤엠즈가 소비자에게 전달하는 광고 문구를 봐도 이러한 휴대성과 단맛의 특징이 자주 강조되지 않는다.

이제 엠앤엠즈는 캐릭터로 설명되는 먹을거리 상품이다. 더 말할 필요도 없다. 엠앤엠즈는 여섯 가지 캐릭터 장난감만으로 어린아이의 이목을 끌기에 충분하고, 다른 상품보다 친근하게 느껴진다. 캐릭터 없는 엠앤엠즈를 상상하면 그냥 초콜릿에 딱딱한 껍데기만 뒤집어씌운 먹을거리다. 그 색깔만큼이나 엠앤엠즈에 활기찬 이미지가 더해진 것은 역시 캐릭터의 힘 때문이다. 캐릭터로 인해 엠앤엠즈는 군사 식량의 이미지를 벗고 일반 초콜릿 상품보다 특별해졌다. 같은 카카오 원료로 만들어졌다 해도 엠앤엠즈는 특별한 초콜릿이 된 것이다.

Part 4

신화가 된 먹을거리

신화로 만들다

사람과 사람이 서로 관계를 이루고 살아가는 사회를 설명하는 개념은 많은데, 인터넷 네트워크를 기반으로 하는 정보망에서 맺어지는 사회는 '네트워크 사회network society'로 설명하기도 한다.[1] 이 네트워크 사회에서는 사람들이 공간을 초월하여 소통할 수 있다. 서로 얼굴을 본 적 없어도 같은 생각과 의견으로 연결되어 연대를 형성할 수 있고 이로써 사회를 변화시킬 수도 있다.

사람뿐만 아니라 정보나 지식이 네트워크 안에서 연결되기도 한다. 개인의 능력으로 상상할 수 없는 지적 도전이 네트워크라는 공동체를 중심으로 모이면 '집단지성集團知性, collective intelligence'[2]이라는 거대한 힘이 만들어져 이슈가 형성되고 정보가 체계화된다. 이로써 사람들에게 유익한 상품이나 서비스 같은 결과물이 만들어 지기도 한다.

네트워크 사회에서 하나의 정보를 중심으로 하는 네트워크에 연결되어 있다는 말은 네트워크 안에서 동일한 정보를 공유하고 있다는 말과 같다.

동일한 정보를 공유하면서 사람의 생각과 행동양식이 서로 비슷해지면 동질적인 집단이 형성되기 마련이다. 반면에 정보를 공유하지 않으며 이로 인해 생각과 행동양식이 다르다면 서로를 연결하는 네트워크가 견고해지기 어렵고 이질적인 집단이 되기 쉽다. 물론 개개인의 타고난 성향이 집단의 유형을 구분하는 데 큰 영향을 미치지만, 공통의 관심사를 기반으로 하는 정보의 공유는 기본적으로 한 사회를 끈끈하게 연결하느냐 아니냐를 구분하는 데 매우 중요한 변수다. 이는 인터넷 네트워크를 기반으로 하는 네트워크 사회에서도 마찬가지다.

사실 한 사회가 공유하는 통념도 한 사회와 다른 사회를 구분 짓는 경계를 넘지 않아야 통용될 수 있다. 생각과 행동의 기준이 동일한 동질적인 집단이라야 통념을 형성하기도 쉽고 이를 고수하여 다양한 신화를 만들어 내기도 쉽다. 반대로 통념과 신화 들이 동일한 사회는 더욱 결속력을 다지고 동질성을 높여 갈 수 있을 것이다.

그럼 이 책에서 논의하고 있는 먹을거리를 대상으로 하여 상황을 만들어 보자. 동질적인 집단이 기반을 이루는 사회에서는 어떠한 음식에 대해서도 특정한 인식과 이미지를 가지기 쉽다. 통념을 만들어 내고 신화를 형성시켜 하나의 먹을거리에 대한 사회적 역할이나 기능을 규정하고 이에 합의하기도 쉽다.

그러나 한 사회에서 특정한 음식에 통념과 신화가 존재해도, 그건 그 사회만의 이야기일 수 있다. 앞서 말한 것처럼 통념이라는 것은 한 사회가 다른 사회와 구분되는 그 경계선 안에서만 공유되는 것이기 때문이다. 시간을 기준으로 삼아도 마찬가지다. 한 시대에 공유되는 통념은 다른 시대로 넘어가면 그 통념이 적용되지 않는다. 생각을 전환해 보면 우리가 먹고 있는 그 음식이 우리 몸에서 어떠한 역할과 기능을 하는지, 이는 우리가 속해 있는 공동체 안에서와 우리가 살고 있는 시대에만 통용되는 상식일 뿐이다. 그 공동체의 테두리를 벗어나거나 새로운 시대가 도래하면 이전까지 통용되던 상식도 의식화된 신화도 모두 신기루가 될 수 있다.

그래서 우리가 먹는 음식에 대해 정확히 인식하고자 할 때, 우리가 속한 공동체와 우리가 목도하고 있는 시대에서 벗어나지 못한다면 우리는 그 음식의 단면만을 발견할 뿐이다. 음식을 입체적으로 분석하지 못한 채 사람들이 이야기하는 단편적인 말로 음식을 판단하게 될 것이다. 우리와 다른 공동체 혹은 우리보다 앞선 시대의 사람이 섭취했을 음식물의 이미지와 통념은 현재 우리 공동체의 그것과 현저히 다를 것이다. 물론 현재 우리가 지니고 있는 먹을거리에 대한 통념과 신화도 다른 공동체와 다른 시대에서는 아무것도 아닌 것일 수 있다.

현재 우리가 살고 있는 사회에서 특정한 먹을거리를 먹게 된데에는 그 나름의 이유가 있다. 특정한 시대를 살아 내는 한 사회, 그 사회에서 공유되는 통념이 존재한다면, 또한 그 통념으로 인해 신화가 구축된다면 말이다. 이번 파트에서 통념과 신화가 만들어 낸 먹을거리에 대해 알아보자.

불로장생을 꿈꾸다

　요즘 '100세 시대'라는 용어가 일반화되고 있다. 아무래도 의학이 발달하고, 자연재해에 대처하는 방법이 끊임없이 고안되며, 먹을거리도 풍부해졌기 때문일 것이다. 자본과 과학의 발달을 바탕으로 이뤄낸 인류의 발전은 그 폐해도 분명히 있지만, 인류의 숙원인 불로장생의 꿈을 점점 실현시켜 주는 듯하다. '인간은 죽는다'라는 명제가 인간이 밝혀낸 매우 극소수의 진리 중 하나임을 감안해 보면, 이 명제를 뒤집는 것이 인류의 오래된 희망이라는 것은 어찌 보면 당연하다. 그래서 늙지도 죽지도 않는 삶은 어느 시대에나 큰 관심사다.

　최근에는 인간이 육체의 주인이자 인격체이기에 인간에

게 자발적으로 죽음을 선택할 수 있게 해야 한다거나, 약물로써 보다 편안한 죽음을 맞이할 수 있도록 해야 한다는 존엄사尊嚴死나 안락사安樂死에 관한 논쟁도 뜨겁다. 인류는 의학적 성과를 통해 질병을 예방하고 치료할 수 있었지만 궁극적으로 노화를 막아 신체를 불로하게 하는 방법은 아직 찾지 못했다. 그러니 신체가 이미 질병으로 고통 받고 노화도 진행된 상태에서 하루하루 힘겹게 눈만 뜨고 연명하는 삶이 무슨 의미가 있냐는 것이다.

살아 있다고 해도 자기 몸을 스스로 가누지 못하고 이로 인해 하루하루의 생활이 고역이라면, 장생하는 삶이 어떠한 의미가 있을까 하는 것이 존엄사와 안락사 논쟁의 핵심적인 주제다. 그런데 이 존엄사나 안락사도 어찌 보면 불로와 장생이 불균형을 이룰 때 나타나는 논쟁이다. 만일 인류가 불로와 장생을 모두 이루는 시대가 온다면 이 죽음에 대한 논쟁의 초점은 분명 달라질 것이다.

이처럼 인류사에서 삶과 죽음에 대한 관심은 뜨겁다. 먹을거리의 역사에서도 이 불로장생은 뜨거운 관심사다. 우리가 이번에 살펴볼 먹을거리는 바로 이 불로장생과 연관된 요구르트다.

요구르트의 기원을 따져 보면 기원전 1만 년 전부터 기록된 것으로 전해진다. 기원전 600년 전부터는 구약성경

속에서 발견된다. 아브라함이 175세까지 장수할 수 있었던 것이 이 요구르트라는 묘약elixir을 정기적으로 섭취했기 때문이라는 것이다. 이 때문에 페르시아에서는 요구르트를 먹어야 건강한 삶을 살고 장수할 수 있다고 믿었다. 이는 로마인도 마찬가지다. 불로와 장생을 하려면 요구르트를 먹어야 한다고 생각했다.[3]

한편 고대 페르시아에서는 요구르트가 머리카락이 나는 데 도움이 된다고 믿기도 했다.[4] 오늘날로 따지면 요구르트가 발모제의 기능을 한다고 믿은 것이다. 머리카락도 인간 신체의 일부이고 탈모는 발모를 위한 세포분열에 문제가 생겨 일어나는 현상이라고 단정해 보면, 요구르트를 왜 발모제로 여겼는지 이해할 수 있다. 고대인이 보기에 요구르트는 인간 신체의 생명 활동에 중요한 역할을 하는 약이었던 것이다. 그리고 이것이 인류의 역사에서 자주 발견되는 요구르트의 이미지이기도 하다.[5]

심지어 1211년경에는 몽골제국의 칭기즈칸이 요구르트가 그의 군사들을 용감하게 만든다고 믿었다. 이후 1900년대 초에 이르러서는 요구르트가 많은 질병을 치료할 수 있다는 점이 과학적으로 밝혀지기도 했다.[6]

1845년 러시아에서 태어난 한 과학자는 노화 문제에 관심을 두었다. 그는 인간 노화의 원인을 장에서 찾았다. 장에서 서식하는 유해한 세균과 이들이 발산하는 독소 때문에 인간의 노화가 심화된다는 것이다. 때문에 이 독소를 만드는 세균과 대항할 균을 장에 서식하게 만드는 것이 노화를 늦추고 장수하는 데 필요하다는 점을 밝힌다. 이 독소를 생산하는 균과 맞서 싸우는 균이 유산균이고, 이를 연구한 과학자의 이름은 '일리야 메치니코프Ilya Ilyich Mechnikov'다. 우리가 요구르트 브랜드에서 들어본 적 있는 바로 그 이름이다.

메치니코프는 62세 되던 해인 1907년에 논문을 발표했다. 이 논문 제목이 〈삶의 연장: 낙관적인 연구〉이다. 이 논문에서는 장에서 요구르트의 유산균이 유해균을 물리치고 이로 인해 노화를 늦출 수 있다는 개념을 설명했다. 노년에 접어든 과학자가 정립한 이 이론은 당시 화제를 낳았고 유산균 발효유, 즉 요구르트의 역사를 다시 쓰는 계기를 마련했다.[7] 이처럼 메치니코프 덕분에 장수와 노화 방지에 대한 요구르트의 효능이 과학적으로 발견되는 성과를 얻었다.

이번에는 요구르트에 대한 사람들의 인식이 어떻게 변화했는지 살펴보자.

20세기 이전에 요구르트는 끼니를 해결해 주는 유제품 취급을 받았고, 많은 먹을거리 중에서도 특히 건강식으로 여겨지는 경향이 있었다. 특히 유제품을 섭취하는 과정에서 유당분해효소결핍증lactose intolerence으로 소화에 어려움을 겪

는 아시아인, 아프리카계 미국인, 미국계 인디언에게 요구
르트는 매우 중요한 식량이었다.[8]

우리나라에서는 1969년부터 유산균 발효유 제품이 판매
되기 시작했다. 1971년 액상 요구르트, 1983년 떠먹는 요
구르트가 나왔을 때만 해도 우리나라에서 요구르트가 묘약
의 이미지는 아니었다. 하지만 요구르트의 면역 증강, 노화
억제, 항암 기능이 알려지면서 지금까지 많은 제품이 출시
되고 있다.[9] 1988년 '파스퇴르'에서부터 시작해 '불가리
스'(1990년), '메치니코프'(1995년) 등 요구르트 역사에 남는
과학자나 지명 등이 상품명에 활용되면서 요구르트는 우리
나라 사람들에게 기력을 보충해 주는 건강제의 이미지를 굳
혔다.[10]

이후에도 '장 건강에 특화된 요구르트'와 '간 기능 개선
을 돕는 요구르트' 등이 광고 문구로 활용되는 것을 보면 요
구르트가 이제 사람들의 건강 유지를 위해 없어서는 안 될
먹을거리로서 지위를 획득한 것 같다.

하지만 좀 더 생각해 보자. 오늘날 요구르트 제품이 건
강을 위한 보조제 역할을 톡톡히 하고 상품으로서 가치를
보인다 해도, 이것이 고대 사람들이 생각했던 것처럼 인간
에게 영원한 삶을 제공해 줄 수 있다고 믿는 사람은 없을
것이다. 메치니코프는 인간이 장수하는 데 유산균이 중요하

다는 점을 밝혔지만 요구르트의 유산균만으로 인간이 장수하는 것은 아니다. 신체에 칼슘과 칼륨을 보충해 주면서 허기를 달래 주고 유당분해효소결핍증을 피할 수 있다는 점은 요구르트의 장점이지만 말이다.

그러나 메치니코프가 요구르트의 유산균을 다룬 논문 제목에 "삶의 연장"이라는 문구를 넣은 것은 단순히 그가 자신의 연구를 돋보이게 하려는 의도 때문이었을까? 그간 요구르트가 인류 역사 속에서 확보한 이미지도 논문 제목에 영향을 미치지 않았을까?

요구르트의 효능이 과학적으로도 증명되어 왔으나 어찌 보면 요구르트는 발효유일 뿐이다. 의약품은 아니니 요구르트로 단기간에 어떠한 질병도 치료해 낼 수 없다. 그럼에도 인류의 역사상 요구르트는 건강한 먹을거리로, 의약품만큼 몸에 좋은 영향을 미치는 먹을거리로 인식되어 왔다.

오늘날 기업들이 장에 좋은 요구르트, 간에 좋은 요구르트, 위에 좋은 요구르트를 끊임없이 소비자에게 선보이는 것도 이제까지 요구르트가 사람들에게 인식된 이미지 때문으로 보는 편이 맞겠다. 요구르트는 그만큼 건강한 먹을거리라는 통념 속에서 존재해 온 먹을거리기 때문이다.

빵은 생명이다?

'살아 있다'라는 것은 무슨 뜻인가? 사전적으로 '살다'는 생명生命을 지니고 있다는 말이다. 생명이라는 단어에는 '태어나다'는 의미와 '숨을 쉬며 살아가는 힘'이라는 의미가 함께 붙어 있다. 언어학자가 보기에 살아 있다는 말은 '태어나서 숨을 쉬며 살아가는 힘을 지니고 있다'는 말로 요약할 수 있었나 보다.

살아 있는 생명을 생물학적인 차원에서 개념화하면 좀더 복잡해진다. 그래도 최대한 짧고 쉽게 이해해 보자.

살아 있는 생물체의 몸, 이 몸을 '생체'라고 부른다. 그리고 이 생체를 구성하면서 동시에 생체에서 작동되는 생명력을 활용해 끊임없이 생산되는 물질이 '생체유기물질生體有機

物質'이다. 생명은 바로 이 생체유기물질이 지속적으로 생산되는 과정이다.

또한 이 과정에서 하나의 세포가 지속적으로 수를 늘리는 '세포증식'도 일어난다. 하나의 생명이 태어나서 목숨을 지니고 살아가며 성장하고 노화하며 자식에게 생명체의 특성을 물려주는 모든 과정은 바로 이 세포증식에서 비롯된다고 할 수 있다. 세포증식은 단순히 세포의 숫자만 늘리는 것이 아니다. 유전물질을 복제하고 동일한 세포를 분열하는 과정을 설명하는 말이기도 하다. 그래서 생명이 있다는 생물체는 자기의 종족을 생산하는 '생식'도 한다. 여기까지가 생물학을 잘 모르는 사람도 이해할 수 있는 생명에 대한 개념이다.

자, 그럼 이 생명의 특징을 보다 쉬운 인간 생활사의 차원에서 이해해 보자.

일단 생명이라고 하는 것은 태어나야 하고 숨을 쉬며 살아갈 수 있어야 완성되는 개념이다. 또한 성장해야 하고 자신과 비슷한 것을 만들어 낼 수도 있어야 생명이라고 할 수 있다. 물론 살아 있는 모든 생명은 그 끝이 있으니 죽기도 해야 할 것이다.

이런 측면에서 오늘날 논란이 일고 있는 인공지능 로봇은 아무리 사람과 흡사하게 개발된다고 해도 아직까지 생명이라고 보기는 어렵다. 태어나는 방식과 숨을 쉬며 살아가는 방식은 기계적인 '작동'의 개념으로 대체할 수 있을지 모르지만, 생식 능력을 갖추려면 아직 갈 길이 멀어 보인다. 무엇보다 생명은 태어났기 때문에 죽음이라는 끝도 맞이해야 하는데 이것도 인공지능 로봇에게는 힘든(?) 일일 수 있다. 아직까지는 생명이 생물체에게만 부여할 수 있는 개념인 이유가 여기에 있다.

오늘날 인공지능 로봇을 생명체로 오해하는 것처럼, 어떤 대상을 생명체처럼 생각했던 사람들이 있었다. 바로 포르투갈어로 '팡pão'이라고 불리는 '빵'에 관한 이야기다.

빵은 서양 문명에서는 오랜 세월 주식으로 활용되어 온 음식이다. 그 때문인지 고대 서양인에게 빵은 생명이나 삶과 같은 대접을 받았다. 인간은 먹지 않고는 살 수 없는데 빵이 끼니를 때우는 대표적인 먹을거리였으니 그럴 만도 하다.

고대 로마의 시인인 유베날리스Decimus Junius Juvenalis는 로마 평민의 유일한 관심이 '빵과 서커스'라는 주장을 펼쳤다.[11] 빵은 고대 로마인의 주식이고 서커스는 그들 삶의 유일한 오락거리이니 이 둘만 가지고 시간을 보내며 다른 걱정은 하지 않고 살아가는, 이들 로마인의 모습을 빗댄 말이다. 즉 육체적인 허기를 달래는 것이 빵이고 정신적인 지루함을 달래는 것이 서커스이니 이 둘을 채워 주면 다른 것에 관심이 없어진다는, 우민화된 대중을 비꼬는 뉘앙스가 다소 포함되어 있다.

고대인의 정신적인 지루함을 채워 주는 오락거리가 서커스인 것처럼 오늘날에는 TV나 스마트폰 게임이 이와 같은 오락거리로 비유되곤 한다. 이처럼 오락거리는 시대 상황에 따라서 달라지는 것이다.

그러나 빵은 서커스와는 좀 다르다. 서양인에게 빵은 그때도 주된 먹을거리였고 지금도 주된 먹을거리다. 빵은 육체를 지탱해 주고 삶을 지속시켜 주는 에너지원인 것이다. 따라서 고대인이 빵을 생명으로 여긴 것은 곡물로 만든 먹을거리가 드문 시대에 당연한 인식이다.

빵을 만들려면 곡물을 빻고 효모, 버터, 설탕 등과 함께 반죽해 이를 발효한 후 불에 굽거나 쪄야 한다. 불 위에서 이 반죽은 부풀어 오른다. 마치 생명체가 생체유기물질을 생산해 내는 과정에서 나타나는 세포증식처럼 납작한 반죽이 부풀어 올라 빵이라는 새로운 생물체를 생성해 내는 것이다.

고대 이집트 시대는 자연 발효된 빵이 최초로 발견된 시기로 여겨지는데, 밀가루 반죽을 해 놓고 이를 잊어버린 덕분에 발표된 빵을 발견했다고 한다. 이를 계기로 이집트인은 직접 효모균을 만드는 방법을 터득했고 부풀어 오르는 빵을 만들어 먹기 시작했다. 효모균을 넣어 가공한 이스트는 빵을 부풀리기 위해 활용되는데, 부푼 빵이 탄력을 잃어버리고 굳어서 딱딱해지면 이를 '빵의 노화'로 표현하기도 했다.[12]

빵이 생명이나 삶으로 여겨지는 이유는 이처럼 효모균으로 만든 빵이 생명체와 같은 모습으로 부풀어 올라 의인화되고, 곡물이 활용된 주식으로 사람들에게 인기를 끌면서 서구 사회의 역사와 함께했기 때문이라 볼 수 있다.

이처럼 빵은 육체를 이루는 음식물이자, 생명으로 여겨져 육체와 영혼을 채우는 음식으로 불렸다. 유대인에게도 빵을 나눠 먹는 행위는 생명을 나누는 공동체 의식으로 취급받았다.[13] 함께 경작한 곡물로 만든 반죽이 빵이라는 양식으로 거듭나고 이를 식탁에 올려 함께 나눠 먹는 그 과정이 고대 부족사회의 결속을 다졌으리라는 점은 쉽게 예상할 수 있다. 여기에 당시에는 과학적으로 밝힐 수 없었던 발효의 과정을 지켜보았으니 빵이 다소 신성한 음식으로도 여겨졌을 법하다.

그래서 그리스도교 역사 속 '최후의 만찬'에서 빵을 자신의 몸으로 여겨 나눠 주는 예수의 모습은 당시 사람들이 빵을 어떻게 여겼는지 알 수 있는 대목이다. 예수가 아끼는 제

최후의 만찬

자들과 작별하는 이 중요한 장면에서 빵이 예수 몸의 일부로 등장하는 이유 있었던 것이다.

빵만을 주식으로 활용해야 했던 시절과 지금과는 아무래도 차이가 있어 보인다. 지금보다는 먹을거리가 부족한 상황이었으니 말이다. 빵은 인간의 삶에서 중요한 위치를 차지해 왔고, 효모균 덕에 신성한 이미지를 쌓아 왔을 수 있다. 그만큼 빵은 인간 삶과 매우 밀접하게 연관되었다는 것으로 요약할 수 있겠다.

그렇다면 오늘날 빵은 어떻게 여겨질까? 먼저 빵이 생산되는 과정에서 그 의미를 살펴보자.

우리나라에서 빵이 제조되고 판매되는 시장을 나눠 보면 빵을 제조만 하는 '양산 빵' 시장과 제조와 유통을 함께 하는 '베이커리' 시장으로 분류된다.[14]

양산빵 시장은 공장에서 빵을 대량 생산한 다음, 소매 채널로 유통하는 과정을 거친다. 즉 대량으로 빵을 생산해 소비자 구매 창구로 전달하는 방식이 양산빵 시장의 특징이다.

반면 베이커리 시장은 빵을 파는 가게가 제조와 유통을 겸하는 방식이다. 일명 '빵집'으로 불리는 빵을 판매하는 상점은 직접 빵을 만들어 그 자리에서 소비자에게 판매하니 제조와 유통을 겸하는 방식인 셈이다. 오늘날에는 이 베이커리 시장도 일반적인 빵집 외에 프랜차이즈 기업이 형성하는 베이커리 시장이나 대형 매장 안에 위치하는 인스토어 형태가 있다. 그야말로 빵을 유통하는 채널은 더 많아지고 있다.

오늘날은 효모균을 직접 만들어 빵을 만드는 시대와 다르게 대부분의 빵이 대량생산되면서 빵은 더욱 대중화되고 우리 삶에 더 밀접해지고 있는 것이 사실이다. 우리나라는 2017년을 기준으로 지난 5년간 빵 수입액이 192.1%나 증가했고 수입량은 247.7%가 증가한 것으로 나타난다. 또한 2016년을 기준으로 인구 1인당 연간 빵 90개를 섭취하는

❙ 우리나라 빵 시장 점유율(2019년 1/4분기 기준)

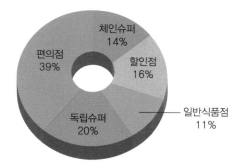

출처: 한국농수산식품유통공사 식품산업통계정보(atfis.or.kr).

❙ 우리나라 빵 시장 매출액(2019년 1/4분기 기준)

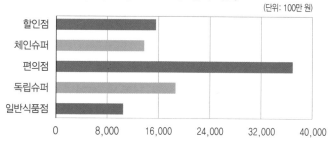

출처: 한국농수산식품유통공사 식품산업통계정보(atfis.or.kr).

것으로 나타나는데 이는 4년 동안 14.8%가 증가한 수치다.[15] 우리나라에서도 먹을거리가 다양해지면서 빵이 밥을 대체하는 인기 있는 음식으로 거듭나고 있는 점을 보여준다.

그런데 여기서 특이한 통계가 발견된다.

바로 빵 시장 전체의 점유율에 관한 통계다. 2019년 1분기 기준으로 우리나라 빵 시장 점유율이나 매출액에서 편의점이 눈에 띄게 높다. 물론 한 분기에 한정된 통계 값에 불과하지만 각종 공산품이 즐비한 편의점이 빵 소비 공간으로 부각되고 있다는 점은 여러모로 의미가 크다.

오늘날 편의점은 라면, 도시락, 과일, 야채샐러드에 이르기까지 다양한 먹을거리를 판매하는 곳이다. 여기서 빵을 판매한다는 것은 주식이 될 만한 다른 음식들과 빵이 경쟁 관계에 놓여 있다는 것을 의미한다. 이는 빵이 끼니를 해결하는 주식이 아닌 간식 상품으로 그 비율이 늘어나는 점을 나타내는 듯하다. 사람들이 끼니 때뿐만이 아닌 일상생활 중에도 빵을 자주 찾고 많이 먹는다는 것이다.

서구 사회에서 빵이 주식으로 활용된 것처럼, 우리나라도 전쟁 이후에 허기를 달래 주던 음식으로는 무상으로 지급된 옥수수빵이 있었다.[16] 전쟁 이후 물자가 부족하던 우리나라에서 옥수수로 만든 빵은 가난한 학생이 급식으로 받던 고마운 식량이었다. 지금은 빵이 매우 일반화된 먹을거리로 인식되고 있지만 이마저 지금 시대가 표현하는 빵에 대한 신화일 수 있다.

빵이 '태어나거나 숨을 쉬는' 생명체로 여겨지던 시절에는 빵이 주는 고마움도 그만큼 컸는데 이는 주식이 배고픔을 해소해 주면서 생겨나는 고마움이었을 것이다. 오늘날의 빵은 수많은 먹을거리와 경쟁하면서 그 재료와 맛의 질적 수준이 높아지고 있다. 맛있고 몸에 좋은 건강식으로 빵이 그 역할을 확장해 가고 있는 것이다.

우리의 몸으로 따지자면, 우리는 예전에 빵을 섭취할 때 '위'에서 고마움을 느꼈는데 요즘은 '눈'과 '혀'에서 그리고 씹는 느낌을 전달해 주는 '귀'에서 그 고마움을 느끼고 있다. 고대 로마인들이나 전쟁 후 우리나라 사람들에게 빵은 없어서는 안 될 식량으로 여겨졌다면, 오늘날 빵은 더 일반화되거나 다소 고급화된 먹을거리로 여겨지고 있다. 빵에 대한 통념은 계속 바뀌고 있다.

담배, 아름다움과 자유의 상징이 되다

담배 얘기를 좀 해 보자. 한때 우리사회에서 담배는 그 맛과 향기를 즐기는 데 활용되는 기호식품으로 여겨지기도 했다. 기호식품은 입으로 섭취되는 음식물만을 뜻할 것 같지만 담배 애호가에게 담배는 여느 먹을거리보다도 독특한 향을 지닌, 중독성이 강한 기호식품이 맞다. 그런데 이 담배가 기호식품으로 인식되기 이전에는 '아름다움'이나 '자유'의 상징이었다는 것을 아는 사람은 많지 않을 것이다.

오늘날은 담배가 흡연자에게는 암 발병 확률을 높일 수 있고 타인에게 간접흡연이라는 악영향을 줄 수 있다는 사실을 상식으로 생각한다. 우리나라를 비롯해 많은 국가에서 담배를 사회적으로 금하고 담배의 폐해를 적극적으로 공유하는 분위기다.

그러나 사실 이는 최근의 이야기다. 담배에 대한 이미지가 사회에서 긍정적인 시절도 있었다. 많은 할리우드 영화에서는 담배를 대놓고 예찬하지 않지만 담배에 대한 긍정적인 이미지를 심어 놓는 모습을 발견할 수 있다. 우연찮게도 담배가 상업적으로 성장하는 시기와 일치하기까지 한다.

두 사람이 테이블을 사이에 두고 서로 마주보고 있다. 한 사람은 형사이고 한 사람은 용의자다. 범죄를 저지른 사람으로 지목된 용의자를 취조하는 도중 형사는 몰아치는 질문을 멈추고 용의자에게 담배를 건넨다. 이 용의자는 형사가 준 담배를 입에 물고 불을 얻어 붙인 다음 한숨을 쉰다. 이 한숨은 용의자의 긴장을 풀어 준다. 담배 한 개비를 다 태운 용의자는 형사의 질문에 성의를 보여 답하기 시작한다.

영화에서 가끔 볼 수 있는 장면이다. 범죄자로 지목된 사람을 취조실로 불러서 죄나 잘못을 따져 묻고 심문하며 그 과정에서 느껴지는 극도의 긴장감. 형사의 입장에서는 이 심문 과정에서 실제 범죄자를 밝혀낼 수 있고 용의자의 죄가 명확히 밝혀지지 않을 경우 수사가 잘못된 방향으로 흐르거나 차질을 빚을 수 있다. 용의자의 입장에서는 이 심문의 과정이 자신의 무죄를 입증해 보이는 첫 번째 과정이니 이 이 용의자가 실제 범죄자든 아니든 심리적으로 큰 부담을 안고 있을 수밖에 없다.

그러니 영화 속 심문 과정에서 담배가 등장하는 시점은, 형사와 용의자 간에 날카로운 질문과 답변이 이어지고 심리적 긴장 상태가 절정에 이른 바로 그때다.

많은 영화에서 이 담배를 시작으로 범죄의 전말이 밝혀지는 계기가 마련된다. 담배를 통해 용의자의 심리적인 부담이 감소되거나, 혹은 담배를 나눠 문 그 짧은 시간 동안 형사와 용의자가 친밀감을 형성해 진실이 밝혀지는 줄거리가 전개되는 것이다. 수사는 급물살을 타고 진짜 범인이 누구고 사건의 진실은 무엇인지 그 베일이 벗겨지기 시작한다.

담배가 영화의 줄거리를 이루는 중요한 요소는 아니다. 그보다 영화의 전개를 돕고 등장인물의 심리를 묘사하고 이야기를 전환하는 장치로 쓰인다고 보는 편이 맞을 것이다. 담배가 작은 소품 정도로 취급된다고 해도 큰 고민이 있다거나 깊은 슬픔에 빠지거나 혹은 휴식 시간이 시작되거나 속 깊은 대화를 나누거나 하는 장면에서 등장하게 마련이다. 이러한 장면은 담배가 긍정적인 기능을 한다는 관념을 형성하기 충분했다.

1928년 서른여섯 살의 청년 에드워드 버네이스Edward Louis Bernays도 이러한 방식의 메시지를 던지며 사람들로 하여금 담배에 호감을 갖게 만들었다. 홍보학을 공부해 본 사람이라면 훗날 '홍보의 아버지'로 불리는 이 청년, 에드워드 버네이스를 여러 차례 접했을 것이다.

에드워드 버네이스는 1891년 오스트리아 빈에서 태어났다. 그는 저명한 심리학자인 지그문트 프로이트Sigmund Freud와 긴밀한 사이였는데, 그의 아버지는 프로이트 아내의 오빠이고 그의 어머니는 프로이트의 여동생이다. 즉 버네이스 집안과 프로이트 집안이 겹혼인을 해서 에드워드 버네이스에게는 지그문트 프로이트가 외삼촌이자 고모부인 것이다.

그 때문인지 에드워드 버네이스의 홍보 전략을 보면 지그문트 프로이트의 심리학적 지성이 영향을 미치지 않았나 싶을 정도로 치밀함이 엿보인다. 청년 에드워드 버네이스가 맡은 담배 홍보 캠페인의 내용을 봐도 그렇다.

에드워드 버네이스는 1927년 체스터필드 담배를 만든 회사, '리게트 앤드 마이어스Liggett and Myers'에서 잠시 일하다가 경쟁사인 '아메리칸 토바코 컴퍼니'로 스카우트되었다.[17] 에드워드 버네이스를 눈여겨본 당시 아메리칸 토바코 컴퍼니 대표 조지 힐George Washington Hill은 에드워드 버네이스와 함께 담배를 여성에게 좋은 이미지로 각인시키는 홍보 캠페인에 착수했다.

빨간 옷을 입은 아름다운 여성은 바로 럭키 스트라이크

출처: 위키피디아(검색어: Lucky Strike).
빨간 옷을 입은 소녀

담배가 만들어 낸 대표적인 여성의 이미지다. 사진에서 이 여성은 가녀린 몸에 세련된 외모로 화려한 장신구를 두른 채 담배를 손에 들고 있다. '빨간 옷을 입은 소녀Girl in Red'라고 불리는 이 홍보 사진은 여성 소비자의 담배 판매량을 늘리려는 에드워드 버네이스의 전략을 보여 준다. 바로 소비자에게 '아름다운 여성은 담배를 피운다'는 인식을 심어 주는 것이다.

상품이 소비자에게 다가가려면 무엇보다 호감을 얻어야

하고 생활에 매우 필요하다고 인정받아야 한다. 에드워드 버네이스는 이를 잘 알고 있었다. 담배를 여성에게 판매하기 위해서는 여성의 호감을 얻어야 했고 담배가 여성에게 매우 필요한 상품이라는 이미지를 각인시켜야 했다.

에드워드 버네이스는 여성의 관심사 중 하나인 '아름다움'을 홍보에 활용하기로 했다. 미인을 전면에 내세운 홍보사진을 찍어 관심을 유도했고 이 여성이 피우는 담배야말로 가녀리고 아름다운 몸매의 여성을 만들어 줄 수 있다고 홍보했다.

에드워드 버네이스가 기획한 '담배를 피우는 아름다운 여성'의 이미지는 신문이나 잡지로 확산됐다. 당시 흡연을 피했던 여성은 담배에 관심을 가지기 시작했고, 음식을 먹는 것보다 담배를 피우는 것이 아름다움의 유지에 더 좋을 수 있다는 여성 소비자의 인식이 점차 자리 잡게 되었다.

에드워드 버네이스는 영리하게 당시 여성이 원하는 것이 무엇인지 간파했다. 아름다움과 자유다. 그 시대 여성이 행복해지려면 아름다워야 했고, 여성에게 차별적인 시대적 분위기로 인한 정신적인 억압에서 벗어나야 했다는 점을 알았다. 그렇게 시작된 홍보 캠페인이 담배 홍보 역사에 길이 남을 '자유의 횃불Torches of Freedom' 캠페인이다. [18]

여기서 말하는 '횃불'은 저항운동의 상징으로 불리는 진짜 횃불을 뜻하는 것이 아니고 실질적으로는 담배를 뜻하는 것이었다. 1929년, 매해 부활절 주간에 열리는 미국의 부활절 퍼레이드 행사에서 자유의 횃불 캠페인이 시작되고 자유로운 여성의 상징으로 담배 피우는 여성의 행렬이 등장했다.[19] 멋진 여성이 자신의 권리를 주장하며 담배를 피우는 모습은 많은 매체에 소개되었고, 에드워드 버네이스의 전략대로 담배는 유행에 민감한 여성 소비자에게 호감을 얻고 여성에게 필요한 상품으로 거듭났다.

이후 많은 담배 회사가 이러한 여성 해방 운동을 자유의 횃불, 즉 담배와 연관시키려는 노력을 한 걸로 봐서 당시 홍보 캠페인의 효과는 예상보다 강력했고 담배가 멋진 남성의 전유물이 아닌 멋진 여성의 상징물도 될 수 있다는 점이 분명해졌다.

에드워드 버네이스의 홍보 전략으로 아메리칸 토바코는 성장하고 덩달아 전 세계 담배 회사도 20세기에 전성기를 맞이했다. 지금 생각해 볼 때, 몸에 해로운 담배를 굳이 저항 운동이나 캠페인의 도구로 활용할 이유는 없다. 그만큼 에드워드 버네이스의 담배 홍보 전략은 당시에도 기존의 관념을 뒤집는 것이었고 여성 소비자에게 상품을 각인시키는 최선의 선택이었던 것으로 평가할 수 있다. 물론 담배가 건강에 얼마나 유익한지 아닌지에 대한 논란은 빼고 말이다.

이 외에도 에드워드 버네이스는 녹색 담뱃갑이 인상적인 럭키 스트라이크 담배를 홍보하고자 패션의 흐름을 녹색으로 바꾸려는 노력도 한다. 많은 매체와 패션쇼를 통해 녹색 유행을 불러일으키고 이를 통해 럭키 스트라이크에 대한 인지도를 높이려 했다.

재미있는 점은 정작 에드워드 버네이스는 담배를 피우지 않았다는 사실이다. 심지어 아내가 흡연하는 것도 매우 싫어했다.[20] 사람들의 인식은 바꾸려 노력했으면서도 담배에 대한 자기 자신의 인식은 바꾸지 않았다.

우리는 그간 영화 속의 담배가 왜 긍정적인 경향을 보였나에 대해서도 다시 생각해 볼 필요가 있다. 실제로 담배 회사와 할리우드의 주요 영화 스튜디오 사이에 상호 협력한 사례도 있고, 1937~1938년 사이에 럭키 스트라이크 담배를 지지해 준 대가로 거액이 오고갔다는 주장도 있다.[21]

그러니 시장에서 판매되는 상품이 어떠한 미디어에 좋은 이미지로 등장하는 현상에 대해서 소비자는 끊임없이 의심의 눈초리를 보내야 한다. 미디어에서 노출되는 상품의 이미지, 그 작은 파편이 모여 결국에는 한 사회의 통념을 만들어 내고 그 상품의 판매도 더욱 촉진시키고 있으니 말이다.

오늘날 금연을 장려하는 사회적 분위기에서는 담배가

아름다움과 자유의 상징이었다는 과거를 상상하기 쉽지 않다. 우리가 영화에서 등장하는 담배를 소품으로 생각해 무심코 지나쳤듯이, 아마 당시에도 담배의 긍정적 이미지가 다양한 미디어 경로로 조금씩 확산되어 담배는 여러 소비자의 호감을 서서히 얻어 갔을 것이다. 그러한 반복적이고도 지속적인 상품 노출은 결국 사람들의 인식을 바꾸고 사회의 통념을 만들어 내며 상품 판매에 영향을 미칠 수밖에 없다. 이 점을 에드워드 버네이스는 이미 알고 있었던 것이다. 한때 담배를 유익한 기호식품처럼 소비한 데에는 이러한 이유가 있었다!

아침은 베이컨과 달걀프라이?

아침에는 어떠한 음식이 몸에 좋다, 무엇을 먹어야 소화가 잘된다, 아침에 궁합이 맞는 음식이 있다, 먹는 시간에 따라서 음식의 효능이 달라질 수 있다, 기타 등등. 사람들은 매 끼니 중에서도 아침에 무엇을 먹는지에 대한 관심이 크다.

하루 세끼를 먹는다고 할 때, 아침 식사가 다른 끼니에 비해 의미가 남다른 몇몇 지점이 있다. 우선 아침 식사는 하루를 시작하는 끼니이며 하루를 시작하는 먹을거리다. 자칫 몸에 받지 않는 음식을 섭취했다가는 하루 종일 복통에 시달릴 수 있고 이 때문에 하루를 망칠 수 있다. 그래서 아침은 가볍고 속이 편안한 음식으로 구성하는 경우가 많다.

또한 아침 식사는 대개 가정에서 직접 해서 먹는 끼니다. 전문 요리사가 아침 식사를 책임지는 가정이 아니고서야 많은 가정에서 빠르고 간단하게 조리할 수 있는 음식을 선택하는 경우가 대부분이다. 최근에는 아침을 제공하는 24시간 식당이나 편의점, 패스트푸드 체인점이 많아졌지 그래도 아직은 아침을 먹지 않는 사람을 제외하고는 집에서 간단하게 해결하는 경우가 많다.

그런가 하면 아침 식사는 대개 시간적으로 여유가 많지 않은 상태에서 이뤄진다. 특히 아침에 학교나 직장 등 집 밖으로 나가야 하는 사람이라면 더 시간적으로 여유가 없다. 그래서 사람들은 아침 식사로는 조리가 간편한 음식을 선호하는 경향이 있고 그에 맞춰 다양한 상품도 개발되고 있다.

마지막으로 아침 식사는 일반적으로 함께하는 구성원이 많지 않다. 점심 식사나 저녁 식사의 경우 학교 친구, 직장 동료, 가족 등 함께하는 식사 구성원이 더 많게 마련이다. 그에 비해 상대적으로 아침 식사는 대개 혼자 먹거나 소수의 인원이 함께 먹는 것이 대부분이다. 식사 약속을 잡는다고 해도 점심, 저녁 약속은 빈번하나 아침 약속은 드물다. 물론 요즘은 '혼밥' 시대라고 하니 매 끼니를 혼자 때우는 것도 이상한 일은 아니다.

이처럼 아침 식사가 지니는 특징이 있다. 식품영양학, 의학 등의 과학적인 영역에서 바라보면 이러한 특징은 더 여러 가지로 구분될 것이다.

그런데 미국의 아침 식사를 살펴보면 다른 나라보다 더 정형화된 특징이 발견된다. 미국에서는 식당에서 제공하는 아침 식사로 대개 빵, 감자튀김, 베이컨, 달걀프라이가 함께 등장한다. 가정에서도 그러하다. 물론 빵과 감자는 오랜 시간 인류의 주식으로 빠지지 않는 음식이었고 빵, 감자를 식재료로 한 요리도 오랫동안 인기가 있었다.

여기서 의문이 생긴다. 그렇다면 왜 베이컨과 달걀프라이는 미국인의 아침 주식으로 등장하게 되었을까? 혹시 베이컨과 달걀프라이가 아메리카 원주민의 오랜 주식이었던 것은 아닐까?

브리태니커 백과사전은 베이컨을 훈제된 특유의 맛으로 널리 사랑받는 음식이라고 설명한다. 그리고 달걀과 함께 다양한 요리에 활용된다고도 한다.[22] 베이컨을 설명하는 와중에, 수많은 식재료 중에서도 하필이면 달걀과의 궁합을 언급하는 것이 특이하다. 아무래도 베이컨과 달걀 사이에는 깊은 관계가 있는 것 같다. 베이컨과 달걀이 빵이나 감자와 함께 아침 식사의 주식으로 등장하는 데에는 어떤 이유가 있는 것일까? 여기서 또다시 에드워드 버네이스가 등장한다!

1920년대 중반 미국에서는 간단한 아침 식사가 인기를 끌었다.[23] 주스나 토마토와 같은 채소, 모닝커피로 하루를 시작하는 미국인이 많았던 것이다. 그러나 제1차 세계대전 이후 세계적인 부의 흐름을 잡고 기세등등해진 미국인에게 간단한 아침 식사가 성에 차지 않았던 것일까? 미국인의 심리를 파고든 에드워드 버네이스의 홍보 전략이 효과를 보인 사례가 또 나타났다.

1925년 베이컨 제조사인 '비치넛 패킹Beech-nut Packing'으로부터 홍보 의뢰를 받은 에드워드 버네이스는 신문 기사를 기획한다. 에드워드 버네이스가 취한 전략은 전문가의 의견을 활용해 대중을 설득하는 전략이었다. 전문가로는 '내과 의사'를, 그들이 주장하는 의견은 '든든한 아침 식사'를 설정했다.

에드워드 버네이스는 내과 의사 5,000명에게 편지를 보내 간단한 의견을 확인받았고, 이 결과가 전국에 배달되는 신문의 기사로 실렸다. 그 기사 내용은 대략 '내과 의사 4,500명이 든든한 아침 식사를 권하다4,500 physicians urge bigger breakfast'라는 내용이다.[24] 기사에는 '내과 의사들은 가벼운 아침 식사보다 풍성한 아침 식사가 미국인을 더 건강하게 할 수 있다고 주장한다'는 내용이 담겼다.

에드워드 버네이스는 상품을 광고하는 과정에서 사람들

의 심리적인 흐름을 읽어 내는 데 주력했다. 베이컨의 경우
도 마찬가지였다. 아무래도 고기류인 베이컨과 풍부한 단백
질로 포만감을 주는 달걀을 아침 식사로 먹게 하려면, 사람
들의 머릿속에서 '아침 식사는 간단한 식사'라는 편견을 없
애야 한다고 생각했다. 적어도 미국인에게만큼은 아침 식사
는 풍성한 것이 좋다는 인식을 심어 줘야 했다. 그래야 사
람들이 베이컨과 달걀을 아침 식사로 선택할 확률이 높아지
기 때문이다.

내과 의사에게 베이컨이 아침 식사로 좋은 음식인지 직
접적으로 질문을 던지지는 않았다. 든든한 아침 식사는 에
너지를 보충하는 데 더 효과적이지 않겠냐는 의견만을 구했
을 뿐이다. 이를 통해 내과 의사가 풍성한 아침 식사가 좋
다고 응답했다는 기사를 내고, 이 풍성한 아침 식사로는 베
이컨과 달걀이 좋다는 내용을 사람들이 접하도록 유도했을
뿐이다.[25, 26] 이를 통해 전문가인 내과 의사의 의견을 신뢰
한 사람들은 아침 식사에 관한 기존의 통념을 전환했다. 그
리고 아침 식사용으로 베이컨과 달걀에 눈을 돌리게 된 것
이다.

1916년 당시의 비치넛 패킹의 광고를 보고 아침 식사에
베이컨을 먹고 싶다고 생각하는 사람은 많지 않을 것이다.
그러나 에드워드 버네이스의 전략을 통해 베이컨이 본격적

으로 아침 식사로 등장하는 1920년대부터는 베이컨이 먹기 버거운 먹을거리로 여겨지지 않는다. 그야말로 사람들의 통념이 한순간에 바뀌어 버린 것이다.

오늘날에는 아침 식사를 간단히 먹는 추세로 다시 바뀌고 있다. 물론 아침을 든든하게 먹어야 한다는 주장도 있다. 그러나 아침 식사에 관한 통념을 선점하는 전쟁에서는, 간단하면서도 적당한 포만감을 느낄 수 있고 위에 자극적이지도 부담도 주지 않는 음식으로 아침을 먹어야 한다고 주장하는 쪽이 우위에 있는 듯하다.

통념은 고정되어 있는 것이 아니다. 한 시대에는 상식으로 통했던 것이 다른 시대에서는 의심받을 수 있다. 앞서 살펴본 바와 같이 베이컨과 달걀은 오랜 세월 동안 미국 사람들의 대표적인 아침 식사로 여겨졌던 음식이다. 당시 사람들은 아침 식사로 베이컨과 달걀을 먹는 것이 상식적이었다. 간단한 아침 식사보다 풍성한 아침 식사를 선택했던 것이다. 단백질과 아미노산이 풍부하다는 달걀은 그렇다 치자. 포화지방, 나트륨, 콜레스테롤의 함량이 높은 베이컨이 가장 이상적인 아침 식사로 인식되고 이 둘의 조화가 백과사전에 등재되는 일까지 벌어졌다는 사실이 놀랍다. 미디어와 커뮤니케이션 전략을 통해 정착된 사회적 통념은 이처럼 먹을거리 상품의 신화를 만들어 내고 사람들의 선택을 이끌어 낸다. 그 효과는 정말 강력하다.

Part 5

시간·장소·상황
그리고 먹을거리

그 때, 그 장소, 그 상황

　많은 커플이 마음에 둔 상대와 가장 멋진 데이트를 꿈꾼다. 좋은 곳에 놀러 가고 멋진 곳에서 차를 마시며 분위기 있는 클래식 음악이 나오는 레스토랑에 가서 와인을 즐기는 상상도 한다.

　이 기분 좋은 상황에서 빠질 수 없는 것은 역시 장소인데, 어떠한 장소에서 데이트하느냐는 만남을 이어가는 데 중요한 영향을 미친다고 볼 수 있다. 때문에 사람들은 지인에게 좋은 데이트 장소를 추천받기도 한다. 첫 만남에서부터 만난 지 100일째 되는 날, 매년 첫 만남을 기념하는 날 등 커플의 기념일에 가기 좋은 데이트 코스를 추천해 주는 인터넷 블로그 글이 수도 없이 발견된다. 그런데 주목할 점은 많은 장소가 먹을거리와 연관되어 있다는 점이다.

　맞다. 생각해 보면 데이트에서 음식이 빠질 수 없다. 대부분의 커플은 밥때에 맞춰 만나 데이트하고 헤어지기 아쉬워한다. 서로 호감이 있는 커플일수록 데이트에서 먹는 행위를 함께할 가능성은 매우 높다. 그래서 어떠한 음식을 먹느냐가 곧 장소도 결정하고 데이트 시간이나 분위기도 좌우할 수 있게 된다.

음식은 이처럼 데이트의 성패를 결정짓는 매우 중요한 요소임에 분명하다. 어찌 보면 앞서 나온 데이트에 실패하는 남자도 대개 데이트 코스와 이에 딸린 음식을 잘못 구성했기 때문에 데이트에 실패했을 수 있다. 아니면 상대가 구성해 놓은 데이트 코스에 적응하지 못했거나. 이유야 어떻든 음식이 매개된 데이트 환경을 잘 구성하지 못했거나 적응하지 못했을 가능성이 있다.

이 파트에서는 사랑하는 사람들 사이의 만남에서 음식이 빠질수 없는 것처럼, 특정한 상황에서 어떠한 음식이 주로 선호되어왔는지 이야기를 나눠 보고자 한다. 시간Time, 장소Place, 상황Occasion에 따라 옷차림이 달라지는 것처럼 이 TPO(시간·장소·상황)에 따라 음식의 선택도 달라질 수 있다.

기념일이나 놀이공원, 스포츠 경기장, 또는 외식 상황에서 각각 다른 음식이 인기를 얻고 사람들의 호감을 산다. 그런가 하면 스트레스를 받거나 사랑에 빠질 때에도 특정한 음식이 선택된다. 이처럼 다양한 경우에 따라 그에 맞는 음식이 있고 우리는 마치 그 경우에 다다르면 알람을 맞춰 놓은 것처럼 특정한 음식의 이미지를 떠올리고 그 특정한 음식을 찾는다. 데이트 분위기에 맞는 음식이 있는 것처럼 말이다.

데이트 상황에서 먹고 싶은 대표적인 음식으로 국밥이나 짜장면을 떠올리는 일이 일반적이지는 않을 것이다. 우리나라뿐 아니라 미국에서도 첫 데이트에서는 스파게티, 미트볼, 립, 샐러드류, 갑각류 등의 음식을 피하라고 권고하는 기사가 나오는 것을 보면[1] 어느 나라나 데이트 상황에 맞춰 떠올리는 음식이 있다. 그리고 이와 마찬가지로 특정한 경우에 생각나는 특정한 음식이 있게 마련이다.

어떠한 일을 벌이고자 할 때 시간, 장소, 상황은 선택되는 순간 바꾸지 못하는 상수가 되어 버린다. 그리고 이러한 요소들이 상수로 고정되는 순간, 음식도 이 상수들에 영향을 받는다. 시간과 장소와 상황 자체를 바꿀 수 없다면 그 경우에서 결정되는 음식도 대개 비슷하다는 말이다.

우리 자신은 부정하겠지만 우리는 그렇게 살아왔다. 고정된 상수 속에서 음식도 상수화되어 가는 과정을 납득하지 않은 채 환경에 적응해 버린 것이다. 하나의 특정한 환경이 결정되는 순간 그 환경에서 먹어야 하는 음식도 대개 결정된다. 바로 이 파트에서 살펴볼 내용이다.

기념일과 데이 마케팅

사람이 태어나는 일은 참 즐겁고 반가운 일이다. 인생은 길면 길고 짧으면 짧다고 하지만, 이 여정에서 세상에 존재하지 않았던 누군가를 만난다는 건 그 얼마나 소중한 일인가. 세상에 없던 사람은 누군가의 아들이나 딸로 태어나 자식이 되고 누군가의 둘도 없는 친구가 되며 또한 죽고 못 사는 연인도 된다. 그렇게 사람은 태어나 누군가와 인연을 맺고 살아간다. 없던 존재가 생겨나 누군가의 인생 여정에 동반자가 되며 소중한 관계를 형성하는 것이다.

사람들은 이 세상에 온 새로운 존재에게 반가움을 표시한다. 축하 인사를 건네고 선물을 준비하고 그 존재가 이 세상에 온 날을 중요한 날로 정해 매년 같은 날을 기념한다.

생일은 이처럼 세상에 없던 존재를 만난 것에 대한 반가움을 표하는 날이다. 누군가의 자식이 되고 친구가 되고 인연이 되어 준 고마움을 표현하는 날이다. 외롭고 고독한 인생의 여정을 같이 걸어갈 인연이 생긴 것에 대한 기쁨이 표현되는 날이다. 태어난 것 자체를 기쁘고 좋은 일로 여겨 축하하고 축하받는 날이다.

그런데 생일날이라고 하면 누군가의 선호와는 상관없이 차려지는 음식이 있다. 우리나라로 따지면 미역국이나 케이크 같은 음식이 대표적이다. 이러한 음식은 생일을 맞이한 사람이 그 음식을 좋아하는지 아닌지 여부와 상관없이 준비된다. 심지어 생일날 이 음식이 등장하지 않으면 서운한 감정도 생긴다. 생일날 아침에 미역국은 먹었나, 케이크에 촛불은 붙였나 확인하는 방식으로 사람들은 그 음식의 등장 여부를 따진다. 마치 성공한 생일을 맞이했는지 그러지 않았는지가 이러한 '생일 음식'으로 규정되는 것 같다.

사실 이 생일이라는 날에 굳이 특정한 음식을 준비해 먹어야 하나? 따뜻한 미역국을 먹고 화려한 케이크를 먹어야만 생일을 기념하는 것은 아닌데, 우리는 생일이라고 하면 이 음식을 먹어야 한다고 생각한다. 조건반사적이다. 만일 생일인데 미역국이나 케이크를 챙겨 먹지 못했다면 대번에 불쌍하고 처량한 신세로 전락하고 만다. 아마도 음식보다 축하받지 못했다는 것에 대한 서운함으로 볼 수 있을 텐데 우리는 음식을 기준으로 충분히 축하 받았나 그렇지 않았는가를 판단하는 것이다.

그래, 오랜 세월 생일날 함께한 미역국이나 케이크는 그렇다고 치자.

하지만 이렇게 기념일과 음식이 엮여 있는 기념일이 비단 생일만 있을까? 아니다. 따지고 보면 1년 동안 정기적으로 맞이하는 기념일도 많고, 기념일마다 꼭 챙겨 먹는 기념일 특별 음식이 있다. 생일날 미역국과 케이크를 챙겨 먹어야 하는 것처럼 매년 특정한 기념일마다 챙겨 먹어야 하는 음식이 있고 이를 챙겨 먹지 못하기라도 하면 서운한 일도 생긴다.

기업은 일찍이 이러한 사람들의 심리를 꿰뚫고 있었다. 일명 '데이 마케팅day marketing'이라 불리는 마케팅 기법이 바로 이러한 기념일 마케팅 전략을 설명한다. 기업은 사람들이 특정한 기념일에 선물을 주고받을 수 있다는 점을 노린 것이다. 그래서 그 기념일의 선물에 해당하는 상품을 생산하고 이를 대대적으로 홍보하고 이벤트도 벌이는 전략이 바로 데이 마케팅 전략이다.

한 캐러멜 브랜드를 살펴보자. 이곳은 우리나라와도 기술 제휴를 맺은 적 있는 일본의 모리나가 제과다. 이 모리

출처: morinaga.co.jp/caramel

나가 제과는 우리에게 캐러멜로 익숙한데, 연인이라면 누구나 다 아는 기념일을 만든 기업이기도 하다. 바로 초콜릿을 주고받는 밸런타인데이다.

1960년대의 일본은 지금보다 더 보수적인 사회였다. 게다가 아시아 특유의 문화도 남아 있어 사랑 고백은 남성이 주로 하는 행위였다. 여성은 좋아하는 남성이 있어도 고백하는 일이 쉽지 않았고 그래서 좋아하는 남성과 사랑을 이루려면 그 남성에게 고백받기까지 기다려야 했다.

바로 이 지점을 모리나가 제과가 노린 것이다. 여성이 남성에게 사랑을 고백하는 기념일을 만든 것이다. 이렇게 2월 14일 일본식의 밸런타인데이가 탄생했다. 모리나가 제과는

2월 14일에 받은 초콜릿을 3월 14일에는 남성이 마시멜로로 보답하게끔 캠페인도 벌였다. 3월 14일은 훗날 우리가 잘 아는 화이트데이로 자리 잡는다.[2]

원래 밸런타인데이는 성 발렌티누스Valentinus 사제가 순교한 2월 14일로, 발렌티누스의 축일이다. 3세기(269년) 로마의 발렌티누스 사제는 서로 사랑하는 연인을 황제의 허락도 받지 않고 결혼시켜 줬다고 하여 처형당했다.[3] 이후 발렌티누스 사제가 순교한 날이 축일로 정해져 그날에 사랑하는 연인끼리 선물이나 카드를 주고받는 풍습이 생겼다고 한다. 그렇다고 당시 연인끼리 주고받은 선물이 초콜릿은 아니었다. 초콜릿은 훗날 데이 마케팅을 위해 활용된 상품에 불과하다.

밸런타인데이나 화이트데이뿐만 아니다. 우리나라에는 월별로 비공식적인 기념일이 있는데 비교적 많이 알려진 것이 빼빼로데이다. 시작은 여중생들의 천진난만한 장난이었다. 1996년 영남 지역의 여중생들이 11월 11일에 '빼빼로와 같은 몸매와 외모로 아름다워지자'는 격려의 의미로 빼빼로를 나눠 주는 이벤트를 벌였다.[4] 이것이 지역 신문에 보도되었고 빼빼로를 생산하는 과자업체가 이듬해부터 빼빼로데이 마케팅을 시작해 지금과 같은 기념일로 정착된 것이다.

빼빼로데이의 성공 탓일까, 2006년에 우리나라 농림축산식품부는 11월 11일을 '가래떡데이'로 정했다. 11월 11일은 본래 '농업인의 날'이었는데 이 기념일을 알림과 동시에 쌀 소비를 늘리려는 목적으로 가래떡의 모양을 형상화한 기념일로 지정한 것이다.[5, 6]

이 외에 농축수산업을 살리기 위해 지정된 기념일도 여럿이다. 대표적인 것이 3월 3일 '삼겹살데이'다. 2002년 구제역 파동이 일어나고 이 때문에 돼지를 키우는 양돈농가가 침체되었다. 축협은 양돈농가를 살리고자 2003년부터 삼겹살데이를 지정해 기념일로 홍보하고 있다. 빼빼로데이만큼은 아니지만 삼겹살데이가 있는 시기에 선선한 봄 날씨가 시작되는 때문인지 선선한 날 삼겹살을 구워먹는 이 기념일

이 꽤 인기가 있다. 그래서 3월 3일은 점심부터 삼겹살 잔치를 벌이는 일도 벌어진다.

삼겹살데이와 마찬가지로 '한우데이'도 있다. 바로 11월 1일인데 '소 우牛'자에 1一자가 세 개 포함되어 있다는 점에 착안해 전국한우협회가 2008년에 지정했다. 수산물 소비의 증가를 기원하는 날도 있다. 3월 7일 '삼치·참치데이'다. '삼월 칠일'이라는 발음을 활용해 만들어졌다. 마찬가지로 5월 2일은 농촌진흥청이 오이농가 소득 증대를 위해 '오이데이'로 지정했다. 그런가 하면 '구구'가 닭 울음소리 같다고 하여 9월 9일은 농림부가 '구구데이'로 지정했다. 이날만큼은 닭고기의 소비가 늘어났으면 하는 바람 때문이다.[7] 우리나라에서 이렇게 기념일이 지정된 이유를 보면 대부분 농업, 축산업, 수산업 등을 살린다는 구실을 들어 해당 업종의 생산물 소비를 진작시키기 위한 공통된 목적이 있는 것을 알 수 있다.

글자나 숫자의 발음이나 글자 수 등을 연관 지어 기념일을 정했고, 이 기념일을 지정한 취지도 명확하니 이 정도는 사실 봐 줄 만하다. 그런데 밸런타인데이나 화이트데이같이 매월 14일마다 기념일을 지정해 데이 마케팅을 벌이는 경우도 있다. 매월은 그렇다 쳐도 14일에 무슨 의미가 있기에?

음식과 관련된 매월 14일의 기념일을 예로 들어 보면 짜

장면을 먹는 4월 14일 블랙데이, 와인을 즐기는 10월 14일의 와인데이가 있다.[8] 기념일이라고 알려져 있지만 정말 그날 많은 사람이 짜장면과 와인을 즐길지는 모르겠다. 먹을거리 홍보만을 위해 기념일을 지정하고, 판매를 촉진하기 위해 의미가 와 닿지 않은 기념일을 남발하는 느낌도 든다.

일부 데이 마케팅이 사람들의 재미로 시작되었는지는 몰라도 상품을 판매하는 기업의 입장에서 수익이 증대되는 효과는 톡톡히 누린다. 빼빼로데이의 경우 밸런타인데이에 비해 아홉 배가 넘는 마케팅 효과를 누리는 것으로 나타났고, 빼빼로데이 일주일 전부터 당일까지 매출을 따져 보면 무려 8,308% 정도로 매출이 증가한다고 한다.[9]

데이 마케팅은 우리나라만의 현상이 아니다. 우리나라에서는 11월 11일이 빼빼로데이지만 중국에서는 11월 11일이 솔로를 챙기자고 만들어진 이른바 '독신절'이다. 중국 현지에서는 광군제光棍節로 불린다. 중국어로 '광군光棍'은 홀아비, 독신 남성 등 이성 친구나 애인이 없는 사람을 의미한다. 그래서 숫자 '1'이 얼마나 포함되느냐에 따라 1월 1일은 소小광군제, 1월 11일과 11월 1일은 중中광군제, 11월 11일은 대大광군제라고 구분하여 부르기도 한다.[10]

그런데 중국의 '광군제'는 이미 솔로끼리만 기념하는 날이 아니다. 중국의 전자상거래 업체 알리바바가 주최하는 쇼핑행사이기도 하다. 알리바바의 온라인 쇼핑몰에서는 지난 2018년 11월 11일 하루에만 한화로 34조 7,000억 원 정도의 매출이 발생했고 물류 주문 건도 10억 4,200만 건에 이르러 역대 최다를 기록했다.[11] 물론 먹을거리 상품의 소비도 폭증했을 것이 뻔하다.

다시 본질을 생각해 보자. 기념일은 그야말로 무언가를 기념하는 날이다. 기쁘고 슬픈 일, 훌륭한 업적이나 행동, 인물 등에 대해 다시 기억하는 데 의의를 두는 날일 텐데 이런 기념일 의식을 위해 굳이 상품이 활용되어야 할까? 기념일의 본래 취지는 잃어버리고, 먹을거리 상품에 목을 맬 거라면 굳이 기념일을 기억할 필요가 있겠는가.

전통은 시대를 거치며 전해 내려오는 사상이나 관습, 행동이 그 본질을 이룬다. 생일로 따지면, 생일날 미역국을 먹고 케이크를 자르며 촛불을 부는 것이 생일을 기념하는 전통의 본질은 아닐 것이다. 그보다는 누군가 이 세상에 새로운 존재로 등장한 것에 대한 진심으로 축하를 주고받는 그 생각이나 마음이 전통의 본질이라 할 수 있다. 마찬가지로 우리가 무슨 때마다 초콜릿을 먹고 삼겹살을 굽고 참치회를 먹는다고 그것이 후세에게도 이어져 계승해야 할 전통의 본질은 아닌 것이다.

지금 상황으로 볼 때 한 100년 정도 후에는 이런 일도 상상해 볼 수 있다. 우리 선조들이 11월 11일에는 빼빼로를 선물해 왔다고, 이 전통을 계승해야 하느냐 마느냐의 사안을 토론하는 일도 있을 법하다. 이처럼 기념일을 활용해 실행된 데이 마케팅, 그 마케팅을 위해 선택된 음식도 오랜 시간이 흐르면 기념일마다 먹는 전통음식이 되어 있을 것이다.

지속되는 행위는 축적되어 결국 습관을 만든다. 연원이나 목적을 알 수 없는 기념일의 먹을거리도 시간이 흐르면 전통의 지위를 얻을지 모른다. 사람들은 무의식 중에 이 음식을 먹으며 기념일의 습관을 만들고 이것이 축적되면 결국 본질을 벗어나 전통으로 굳어질 수 있을 테다.

놀이공원에서, 경기장에서 먹다

어느 뜨거운 여름날, 나는 놀이공원과 야구장을 같은 날에 들렀다가 문득 이런 생각이 떠올랐다. 한번 같이 상상해 보자.

놀이공원에서 회전목마를 타고 나서 너무 목이 말라 녹차에 얼음을 띄워 한 모금 마셨다. 롤러코스터와 우주관람차 같은 놀이 기구를 타고 나서 야구 경기를 보기 위해 근처 경기장으로 향했다. 점심때를 놓쳐서 그런지 허기가 느껴졌다. 1루 쪽 관중석에 자리를 잡자마자 산나물비빔밥을 시켰다. 나물이 싱싱했다. 볶음된장이 입맛을 살려 너무 많은 양을 먹었다. 김치를 한 조각 찢어서 입에 물고 오물거리고 있자니 경기는 벌써 5회를 넘기고 있었다. 입이 심심해 빈대떡을 주문했다. 시원한 동동주 한 사발이 생각났다. 항아리를 짊어지고 지나가던 판매원을 불러 동동주 한 주전자를 샀다. 주전자를 다 비워 갈 때쯤 야구는 9회 초, 내가 응원하는 팀의 공격이 시작되었다.

어떤가, 이런 상황을 쉽게 상상할 수 있을까? 무언가 어색하고 이상하다고 생각할 사람이 많을 듯하다. 바로 우리나라의 놀이공원과 야구장에서 발견할 수 없는 먹을거리가 등장한다는 점이다.

사실 저 상상 속 상황에 등장하는 녹차, 산나물비빔밥, 볶음된장, 김치, 동동주 같은 먹을거리는 우리나라에서 흔한 먹을거리다. 그런데 이들 음식이 놀이공원이나 야구장에 등장한다고 상상하니 왠지 어색하다. 다른 나라도 아니고 우리나라 놀이공원이나 야구장에 등장하는 것인데 어색한 이유는 무엇일까?

우리나라 놀이공원에 입점해 있는 음식점 리스트를 살펴보면 그 이유를 알 수 있다. 물론 한식 계열의 음식점이 입점한 경우도 있지만 패스트푸드와 분식, 양식을 판매하는 프랜차이즈 음식점이 그 다수를 이룬다. [12, 13, 14]

스포츠 경기가 벌어지는 주요 시설의 음식점도 풍경은 비슷하다. 경기장에서 치킨과 맥주를 주문할 수 있을지언정

김치에 동동주를 판매하는 야구장이나 축구장은 없다. 국내 프로스포츠 경기 관람객을 조사한 결과에서는 식음료 구입에 관한 만족도가 낮게 나오는데[15] 관람객이 많을 때 식음료 구입 자체가 어렵고 그 종류도 다양하지 않기 때문이라 본다. 사람들은 경기를 보며 간단한 식음료를 '빨리', '많이' 사서 먹고 싶어 한다. 상황이 이러하니 우리나라 사람들이 즐겨먹는 먹을거리라도 한국식의 먹을거리를 놀이공원과 스포츠 경기장에서 발견하는 것은 오히려 어려운 일이 된다. 한식은 조리시간도 오래 걸릴뿐더러 복잡한 행사 공간에서 뜨겁게 조리된 음식을 나르는 일도 쉽지 않기 때문일 것이다.

다시 놀이공원으로 돌아가 보자. 칼로리가 높은 양식과 패스트푸드를 먹고 기운을 내서 놀이기구를 힘껏 즐기고 동물을 더 많이 구경하라는 사업주의 배려 때문일까? 놀이공원 길목 중간에 흔히 설치되어 있는 노점에서 흔히 볼 수 있는 먹을거리는 패스트푸드나 분식이 주를 이루고, 한식을 발견하는 게 쉽지 않다. 앞서 소개한 맥도널드와 디즈니가 서로 제휴를 맺고 놀이공원에 패스트푸드의 제공을 더욱 본격화한 것처럼, 아무래도 놀이공원에는 거창한 영양식이 어울리는 것 같지는 않다.

사실 놀이공원이라는 공간이 즐거운 날 찾는 특별한 공

간이기 때문에 그 안에서 음식에 대한 많은 수요가 발생한다. 놀이공원을 찾는 손님은 가족이나 연인끼리 저마다 즐거운 마음으로 찾아오니 음식에 대한 소비가 늘어난다. 평소 절제했던 소비가 놀이공원에서는 더 늘어나는 것이다. 관람객 입장에서는 나들이를 온 것이니 특별한 종류의 음식을 먹고자 하는 욕구도 강하여 평소보다 더 많은 종류의 음식을 즐기는 경우가 대부분이다. 한편으로 '논다'는 행위는 엄청난 양의 에너지를 요하므로 '놀이'공원에서 평소보다 많은 양의 음식을 먹을 수밖에 없다.

이런 이유로 다른 장소에서 판매할 경우에는 별로 특이하거나 관심을 끌지 못할 먹을거리도 놀이공원에서는 한번 먹어 볼 만한 음식으로 둔갑한다. 많은 사람들이 즐거운 마음으로 음식을 찾고 이들은 더 많은 종류의 음식을 맛보기를 원한다. 사람들은 평소보다 많은 음식량을 섭취하니 놀이공원의 음식점은 그 안에 입점하는 것만으로 이른바 대박을 낼 수 있는 조건을 얻은 셈이다.

그래서 음식점들의 놀이공원 입점 경쟁은 더욱 치열해지고 이미 그 맛이나 인기가 검증된 프랜차이즈 음식점이 입점할 확률은 점점 높아진다. 입점한 음식점은 더 많은 소비자가 '더 빨리', '더 많은' 종류의 음식을, '더 많은' 양으로 소비해 주기를 원할 수밖에 없다. 이 때문에 놀이공원에 입

점한 음식점은 상대적으로 조리 시간이 짧고 간단히 섭취할 수 있는 먹을거리를 판매하는 경우가 많다. 음식점 점주 입장에서는 단골손님이 아닌 뜨내기손님을 잡기 위한 전략을 펼치는 것이다.

스포츠 경기장으로 눈을 돌려 보자. 스포츠 경기가 벌어지는 축구장이나 야구장에서 빈대떡과 동동주를 먹는 일이 상상이 가는가? 김치를 찢어 한 입 베어 물고 경기를 보는 모습은 아무래도 어색하고 이상한 광경일 수밖에 없다. 오늘날의 스포츠 경기가 있는 경기장에서는 역시 맥주나 치킨이 어울린다. 관람객이 어린이라면 핫도그를 먹으며 시원한

콜라를 마시는 것이 어울린다. 과자를 먹어도 전통 강정보다는 팝콘이나 감자칩이 적합한 것처럼 느껴진다. 대체 왜 그럴까?

스포츠는 일종의 행사다. 한 경기 한 경기마다 다르게 구성되어 있다. 그리고 이 행사에는 엄청난 인적·물적 자원이 투입된다. 전 세계인이 함께하는 스포츠 이벤트인 하계 올림픽, 동계 올림픽, 월드컵 대회 같은 행사를 보자. 가깝게는 우리나라에서 열린 2018년도 평창 동계올림픽을 보자. 얼마나 거대한 규모의 행사였는가! 그런데 이 행사를 후원하고 있는 식품 관련 회사를 보면 우리가 흔히 아는 대규모 기업이다.

여기서 또 등장하는 브랜드가 코카콜라와 맥도날드다. 코카콜라는 무려 90여 년 전인 1928년부터 올림픽에 후원사로 참여하고 있는 기업이다. 평창 동계 올림픽 기간 중에는 탄산음료, 주스, 물, 스포츠 음료, 기능성 음료 등 알코올이 첨가되지 않은 음료에 대해 독점적인 공급 권한을 가지고 있었다.

맥도날드도 마찬가지다. 맥도날드는 코카콜라보다는 좀 늦게 올림픽 후원 기업이 되었는데 그 시작은 1968년이다. 코카콜라보다는 짧지만 무려 50년이 지났다. 평창 동계올림픽 대회 동안에는 세계 최초로 햄버거 세트 모양의 매장까지 지어 선수단에게 큰 인기를 끌었다.[16,17] 평창 올림픽은 1996년 미국 애틀랜타 올림픽부터 시작해 맥도날드가 매장을 운영하는 열 번째 올림픽으로서 애틀랜타 올림픽부터 각국 선수들에게 맥도날드 햄버거를 무료로 제공해 온 것이다.[18] 대회에 지친 선수들이 최근 20여 년간 올림픽 대회에서 맥도날드 햄버거를 무료로 즐겼다는 이야기다.

올림픽 대회 중에 제공되는 먹을거리는 아무래도 선수들 위주로 제공될 테니 그 파급 효과를 설명하기에 무리가 따를 수 있다. 또한 최근에는 우리나라 선수단에게 제공되는 음식도 양식에서 한식까지 정말 다양하니 서양식 스타일의 패스트푸드가 올림픽 같은 이벤트에서 우월한 지위에 있다고 말하기 힘들 수도 있다.

그렇다면 천문학적인 돈이 오고가며 사람들에게 큰 영향을 끼치는 스포츠 이벤트에서는 어떠한 음식이 인기를 끌고 있을까?

미국인에게 가장 인기 있는 스포츠 이벤트이자 매해 협찬이나 광고료로 대규모 자본이 투입되는 미식축구 챔피언 결정전, '슈퍼볼Super Bowl'의 사례를 보자. 슈퍼볼을 시청하는 미국인의 음식 섭취에 관한 통계를 보면 흥미롭다. 통계에 따르면 슈퍼볼을 시청하는 동안 미국인의 폭식이 일어나는데, 1인당 총 2,400kcal의 정크푸드를 먹는다고 한다.[19]

네다섯 시간 동안 2,400kcal 이상을 섭취하는 것이다.

이때 먹을거리에 쓰는 평균 지출도 150달러로 증가한다고 한다. 한 사람이 소비하는 칼로리로 보자면 피자 한 조각, 맥주 네 캔, 바비큐 치킨 날개 한 개, 프라이드 치킨 한 조각, 나초 한 봉지, 치즈케이크 한 조각, 밀크셰이크, 감자튀김을 다섯 시간 내에 먹는 셈이다. 미국 전체를 기준으로 보면 포테이토가 508만 킬로그램 소비되고 치킨 날개는 12억 5,000개가 소비된다. 실로 '슈퍼볼 폭식The Super Bowl binge'이라 불릴 정도로 많은 양의 음식이 소비되고 있는 것이다.

상황이 이러하니 슈퍼볼 이후 위염 때문에 제산제의 판매율이 20% 증가하고, 경기에서 시애틀 시호크스Seattle Seahawks가 이긴 순간은 뉴욕시 화장실 사용이 13%나 늘어났다는 이야기도 들린다. 미국 농무부USDA가 추정하길 슈퍼볼 경기가 있는 날은 추수감사절 이외에 연중 두 번째로 열량 섭취가 많은 날이다.[20] 그만큼 미국인 대다수가 슈퍼볼을 시청하고, 이와 동시에 엄청난 양의 먹을거리를 즐기고 있다. 안타깝게도 이러한 슈퍼볼 먹을거리는, 열량은 높지만 영양가가 한참 떨어지는 정크푸드라는 점이다.

전 세계적으로 인기 있고 영향력 있는 스포츠 이벤트는 자본력을 갖춘 패스트푸드 기업들의 협찬과 광고를 등에 업고 이들 먹을거리와 어울릴 수밖에 없나 보다. 그래서인지 스포츠 이벤트는 한식보다는 서양식이 어울리고 그중에서도 패스트푸드, 정크푸드와 잘 어울리는 것처럼 느껴진다. 올림픽이든 슈퍼볼이든, 아니면 전 세계의 다른 인기 있는 스포츠 이벤트도 상황은 같다.

놀이공원을 걸으면서 먹든, 스포츠 이벤트를 보며 경기장이나 안방에서 목청껏 응원하며 먹든, 모두 엄청난 에너지를 쏟으며 활동하는 동시에 음식을 먹는 행위가 일어난다. 또한 놀이공원이나 스포츠 경기장에서는 감정적으로 즐거움을 느끼고 흥분한 상태에서 음식을 먹는다. 이러한 이유 때문인지 놀이공원이나 스포츠 경기장에서는 열량이 높고 자극적인 먹을거리가, 그것도 대단히 많이 소비된다.

요즘 놀이공원과 스포츠 경기장을 가 보면 패스트푸드와 서양식의 프랜차이즈 브랜드가 더욱 눈에 밟힌다. 이 때문에 서양식의 패스트푸드는 우리에게 즐겁고 밝고 활기찬 이미지의 먹을거리로 인식된다. 즐거운 곳에서만 만날 수 있는 즐거운 먹을거리로 말이다.

외식, 패션이 되다

　아침, 점심, 저녁으로 매일 일정한 시간을 정해 놓고 먹는 밥을 '끼니'라고 한다. 끼니에는 규칙성이 있기 때문에 끼니를 먹는 행위는 일종의 습관처럼 굳어진다. 끼니때가 되면 배가 고파지고 반사적으로 하던 일을 멈춘다. 끼니는 사람마다 정해 놓은 시간이 있다 보니 끼니를 거르면 기운이 없고 정신이 혼미해지거나 하던 일을 지속하기 힘든 경우가 대부분이다. 끼니는 시간을 중심으로 만들어지는 습관이기 때문에 사람들은 때가 되면 끼니를 먹고자 육체적인 혹은 심리적인 신호를 경험하는 것이다.

　그렇다. 끼니는 시간을 중심으로 만들어지는 습관이다. 만일 끼니를 일정한 장소에서 먹는 사람이 있다면 그 사람은 매 끼니를 같은 시간과 같은 공간 안에서 해결하는 사람이다. 이러한 사람은 끼니를 때우는 시간과 공간이 달라지면 불안감을 느낄 수도 있다. 하지만 사실 이런 사람이 요즘에는 흔치 않다.

그러나 노예제나 봉건제하에서 하층 계급 사람들에게는 이것이 일상적인 풍경이었다. 자유가 없는 이들에게 매 끼니는 같은 때, 같은 장소에서 먹는 행위에 불과했기 때문이다. 자유의 속성이 시간과 공간을 얼마만큼 자유롭게 활용할 수 있느냐에 달려 있다면 신분에서 지배를 받는 노예나 농노에게 이 시간과 공간은 마음대로 제어할 수 있는 것이 아니었다. 즉 주인의 것이었다. 따라서 끼니에 관한 한 시간과 공간의 불규칙성은 하층 계급 사람들에게 상상할 수 없는 일이었다.

그러나 봉건제가 붕괴되고 도시가 성장하면서 사람들은 시간과 공간을 스스로 활용할 수 있게 되었다. 시간을 스스로 할당해 하루 일과를 계획하고 도시를 중심으로 하여 지역적으로 멀리 떨어진 곳까지 여행하기 시작했다. 새로운 숙식 체계가 마련되기 시작한 것이다.[21] 먹고 자는 데 시간과 공간의 제약을 받지 않게 되니 기존의 습관이 바뀌었다. 매 끼니도 정해지지 않은 시간에 다른 공간에서 즐길 수 있는 식사의 형태로 변화했다.

그래서 발달하는 것이 외식이다.

외식은 봉건제가 강화된 지역 중심의 사회에서는 발달할 수 없는 식습관이자 식문화다. 시대적으로는 점점 근대와 현대로 넘어 오면서 더욱 발달하는 음식 문화라고도 볼 수 있다. 시간과 공간을 개인이 스스로 결정할 수 있는 권한이 늘어나면서 언제 어느 때, 어느 곳에서나 먹을거리를 선택할 수 있는 환경이 빚어 낸 문화인 것이다. 따라서 현대인에게 외식은 이제 개인적인 식습관의 특이함이나 식문화의 다양성을 표현하는, 개성을 드러내는 도구이기도 하다.

2016년 외식 관련 조사를 보면, 19세에서 59세 사이의 성인 남녀가 외식을 하는 상황은 '맛있는 음식을 먹고 싶을 때', '주말/휴일에', '생일 및 기념일에', '가족 모임을 할 때', '집에서 먹기 싫을 때' 등 그 경우가 다양하다.[22]

지금은 당연해 보여도 외식의 이유가 다양하다는 말은 외식을 선택할 수 있는 자유가 주어졌다는 말이다. 주말이나 휴일이어서, 생일이나 기념일이어서, 혹은 집에서 먹기 싫어서 같은 이유로 외식 끼니의 시간과 공간을 달리 정할 수 있게 된 것이다. 이처럼 외식은 끼니의 불규칙성을 상징하는 용어 중 하나다. 또한 먹는 방식의 자유를 표현하는 용어이자 저마다 다른 식습관의 개성을 표현하는 용어다.

개인의 자유가 신장되는 것만으로 외식 문화가 발달하

▍우리는 언제 외식하고 싶어 하나?

외식 상황 *small base(n<30)   전체(1000)

상황	수치
맛있는 음식을 먹고 싶을 때	62.6
주말/휴일에	55.8
생일 및 기념일에	53.8
가족 모임을 할 때	53.0
집에서 먹기 싫을 때	51.1
요리하기 귀찮을 때	38.4
축하할/축하받을 일이 생길 때	37.8
새로운 맛집을 발견했을 때	33.6
연인 및 특별한 사람과 함께할 때	28.5
연말 또는 신년 모임에	28.0
수입이 생길 때(월급, 용돈 등)	27.4
손님이 왔을 때	23.3
동호회/동문회 정기 모임 때	22.9

출처: 트렌드모니터(2016).

고 식습관의 개성이 표현되지 않는다. 역사적으로 외식 문화가 발달하는 데 개인의 자유와 더불어 경제력이 뒷받침되어야 했다. 우리나라는 한국전쟁으로 식량의 자급자족이 어려운 춘궁기 '보릿고개'의 시기에 풀뿌리와 나무껍질 같은 험한 음식으로 버텨야 했던 시기가 있었다.

1950년대에는 쌀이 부족해 '절미운동節米運動'도 실시했다. 전쟁이 종식된 이후에는 미국의 잉여 농산물을 활용하는 '혼분식장려운동混粉食獎勵運動'을 전개하기도 했다. 쌀에 일정량의 잡곡을 섞어서 밥을 만들고 밀 같은 다른 곡식을 이용한 분식을 먹자는 운동이다. 국가가 경제적으로 어려운 국민의 식생활에 적극 개입해 해결책을 모색하기 시작했던 것이다.[23]

1960년대 들어서는 국가 차원에서 식생활의 문제를 해결하려는 노력에 더욱 속력을 낸다. '경제개발계획'의 시작과 함께 일상식의 제공이나 식량 증산을 위한 활동이 구체화되는 것이다.

1970년대에는 비로소 주식으로 활용되는 곡물인 쌀 부족 문제를 해결하기 위해 다른 품종보다 생산성이 높은 '통일벼' 품종을 개발했다. 이때부터 쌀 생산량이 늘어나고 조금씩 식량문제가 해결되는 기미가 보이기 시작한다. 이를 계기로 다양한 음식 소비가 일어나며, 1980년대 이르러서는 '외식산업'이라는 용어가 출현할 정도로 외식 붐이 일어나는 과정을 거친다.[24] 경제부흥기를 거친 우리나라 사회에서 외식이라는 새로운 식문화가 탄생해 산업으로 자리 잡기 시작한 순간이다.

즉 한국전쟁 이후 1950년대부터 시작된 국가 주도의 국민 식생활 개선 노력은 30년 후인 1980년대에 이르러서야 외식산업이 발달하는 형태로 결실을 맺는다. 드디어 끼니를 때울 수 있을까를 걱정하는 사람만큼 끼니를 어떠한 형태로 해결할까를 고민하는 사람도 많아진 것이다. 이처럼 개인의 자유가 신장되고 경제력이 뒷받침되는 사회에서는 외식산업이 발달하고 그로 인해 다양한 방식으로 음식이 제공되기 시작한다.

한때 외식은 곧 외출을 의미하기도 했으니, 외식을 위한 음식은 집에서는 조리하기가 힘든 음식이거나 평소 먹지 못하는 비싼 음식이어야 했다. 그러나 오늘날 1인 가구가 늘어나고 정보통신기술이 발달하면서 삶의 질을 중시함과 동시에 편리함을 추구하는 소비자의 요구에 맞춰 더 특별한 외식 서비스가 출현했다. 1인석 테이블을 갖춘 식당이나 스마트폰 앱app 배달음식이 인기를 끄는 것도 새롭게 부각되는 외식 서비스를 반영하는 현상이다.[25]

이전에는 외식의 형태가 집 밖을 벗어나 평소 먹어 보지 못한 음식을 먹는 개념이었다면 이제는 스스로 밥을 지어 먹지 않고 배달시켜 먹는 음식까지 외식의 범주에 포함되고 있는 것이다. 스마트폰 앱만 설치하면 누구나 집 주변에서 가장 인기 있는 배달음식을 시켜 먹을 수 있으니 외식을 위해 귀찮게 집 밖으로 나갈 이유도 없다. 그야말로 '집 안에서의 외식'이 출현하는 중이다.

점점 기술이 발전하면서 사람들은 일상생활에서 더욱 편의성에 초점을 맞춘다. 외식도 마찬가지다. 가공식품, 냉

동식품, 통조림 같은 '반¥조리식품'[26]이 발달하고 도시락 인구가 발달하는 것만 봐도 그렇다. 만두, 떡볶이 같은 분식류의 음식뿐만 아니라 김치찌개, 곱창, 갈비처럼 평소 조리가 힘든 음식도 포장을 벗겨 전자레인지에 돌리기만 하면 간편하게 즐길 수 있다. 이러한 도시락산업도 해마다 증가하여 편의점뿐만 아니라 패밀리레스토랑 업계에서도 도시락 메뉴를 출시해 소비자의 입맛을 노린다.[27]

그러니 오늘날에는 편의점에 앉아 혼자 도시락을 사서 먹는 행동도 처량해 보이지 않는다. 자기 입맛에 맞는 많은 종류의 메뉴를 고를 수 있으니 도시락도 하나의 외식문화로 자리 잡고 있기 때문이다.

외식은 이제 자유로운 사람만의 전유물도 아니고 돈 없는 사람이 즐길 수 없는 문화도 아니다. 외식이 꼭 외출을 통한 끼니 때우기도 아니고 비싼 음식을 사 먹는 행위는 더욱 아니라는 말이다. 한때 우리나라에서 외국 음식을 먹기 힘든 시절에는 스테이크를 먹으러 가서 '칼질'하는 것이 외식의 행위로 일컬어지던 때가 있었다. 하지만 요즘은 점점 빨라지는 사회 변화의 속도에 맞춰 간편하면서도 품질이 좋은 외식 음식이 출현했다. 성장하는 외식 기업은 이러한 유행에 맞춰 다양한 식품을 생산해 내고 있다. 옷차림이 유행에 따라 달라지듯 외식 먹을거리도 달라지고 있는 것이다.

이런 면에서는 외식도 패션이다.

여기서 주목해야 할, 오늘날 외식 기업의 성패에 결정적인 영향을 미치는 요소가 있다. 바로 소셜미디어다. 20대에서 40대 사이 소비자를 조사한 연구에 의하면 커피전문점, 피자전문점, 패밀리레스토랑에서 외식 빈도가 높은 데에는 소셜미디어 홍보에 이유가 있었다. 소셜미디어상에서 할인쿠폰, 생일쿠폰, 이벤트, 포인트 등을 경험한 소비자가 해당 외식 업체의 음식을 소비할 가능성이 높다는 결과가 나타난 것이다.[28]

또한 외식 소비자가 소셜미디어에 후기를 작성하면, 특히 그 후기가 해당 외식 업체에 대한 만족도를 높게 평가했다면 이후 소비자가 추천하거나 재방문할 가능성도 높다는 연구도 있다. 연구에서는 대학생 260명을 대상으로 외식 업체를 방문한 직후 소셜미디어에 후기를 작성하도록 했는데, 이 학생들이 후기를 작성하는 과정에서 외식 업체에 호감을 갖게 되는 결과를 보인 것이다.[29]

오늘날의 외식 소비자는 자신이 먹은 음식을 사진으로 찍어 바로 소셜미디어에 올린다. 그리고 이를 공유하면서 다양한 음식을 입뿐만 아니라 눈으로도 즐긴다. 그러니 소셜미디어에서 비춰지는 외식 기업의 전략과 이미지는 외식 먹을거리의 맛이나 영양만큼 중요한 성공 요인이 되고 있다.

최근에는 외식과, 집밥으로 불리는 내식의 중간인 '반半외식'이라는 용어가 등장했다. 반외식은 음식점에서 포장해 온 음식을 먹는 '포장 외식'과 간편하게 조리해 먹는 '가정식 대체식품HMR. Home Meal Replacement', '배달음식' 등이 포함되는 개념이다.[30] 우리나라에서는 반외식 중에서도 가정식 대체식품의 성장세가 두드러진다. 이는 확실히 외식 문화가 간편하지만 맛있는 음식을 선호하는 양상으로 가고 있다는 것을 나타낸다. 외식이 특별한 의식이 아닌 일상생활이 되면서 벌어지는 현상이다.

먹을 것이 부족하던 시대에는 외식이 평소 먹기 힘든 음식을 먹는 행위였다. 그러나 이제 외식은 편리하고 맛있게 먹는 행위, 그 자체다. 여기에 소셜미디어의 다양한 전략이 맞물려 외식의 새로운 유행이 계속 생겨나고 있다.

외식 문화도 옷차림의 패션처럼 언제고 또 다른 문화적 변화가 일어날지 모른다. 우리는 시대적으로 변화하는 외식의 먹을거리를 감상하고 있는 중이며, 과거의 거창한 외식 세계로부터 시작해 이제는 다양하고 편리하고도 맛있는 외식 세계를 경험하고 있다.

스트레스가 쌓일 땐?

　기분이 나쁜 상태에서 사람은 어떠한 행동을 할까? 물론 평소 자신의 기분을 잘 다스릴 줄 아는, 이른바 수양이 잘된 사람은 명상을 하거나 책을 읽거나 기도를 하거나 조용히 운동을 하기도 한다. 하지만 좋지 않은 기분을 참지 못하는 사람은 누군가에게 쓸데없이 화를 내거나 잔소리를 한다. 혹은 욕을 하고 폭력을 행사하기도 한다.

　모든 사람이 자신의 기분을 잘 다스릴 줄 알면 좋겠지만 이게 쉽지 않다. 기분이 나쁘다는 것은 이미 그 순간 느끼는 감정이고, 기분을 그렇게 만든 원인이 존재하기 때문이다. 이미 느낀 기분을 되돌리기 위해서는 이를 야기한 원인을 근본적으로 제거해야 하는 것이 맞다. 그렇지 않다면 꼬여 있는 기분이 풀려 평정의 상태로 돌아가는 것이 쉬운 일은 아니다.

원인을 제거하지 못한 불쾌함은 좋지 못한 기분을 유지시킨다. 또한 이 원인을 제거하지 못한 사람은 엄한 사람에게 혹은 사물을 통해 기분을 풀거나 전환해 보려 노력할 뿐이다.

굳이 따지면 기분은 심리적인 상태를 보여 주는 개념이다. 대개 그 주체는 사람이다. 따라서 '신체적으로 기분이 좋지 않다'라고 표현하지 않는다. 유쾌하고 불쾌한 것은 심리적으로 사람이 느끼는 감정이니 이 감정을 신체에 대입해 '심장의 기분이 안 좋다'거나 '위가 불쾌해 하다'라고 표현하지는 않는다는 말이다. 기분은 사람이 느끼는 감정이므로 신체 장기에 이 표현은 과하다.

긴장이나 불안 같은 감정으로 인해 기분이 과히 좋지 않은 상태를 일컫는 용어가 있다. 바로 '스트레스'다. 이 스트레스는 기분과는 달리 심리적이고 신체적인 긴장 상황을 포괄한다. 사람이 느끼는 감정인 기분과는 다르다. 스트레스가 하나의 변인으로 기능해 기분을 좋거나 나쁘게 할 수도 있고 스트레스 자체가 불쾌한 기분의 결과로도 나타날 수 있다.

그래서 감정을 나타내는 기분과는 달리 신체의 각 기관

이 스트레스를 받았다고 표현하기도 하고, 실제 의사가 환자에게 소견을 설명할 때 활용되기도 한다. 그러니 '위가 스트레스를 받았다', '심장에 스트레스가 과했다'라고 표현해도 이상한 표현이 아니다. 기분은 사람이 주체적으로 느끼는 감정에 가깝다면 스트레스는 그것이 하나의 기제로 작용해 신체적, 심리적인 메커니즘을 뒤틀어 놓기도 한다. 그래서 사물도 스트레스를 받는 주체가 될 수 있다.

사람이 스트레스를 받으면 심리적으로나 신체적으로 불안하다. 그러나 이때의 스트레스는 '좋지 않은 기분'과는 다르게 그 원인을 찾아내지 못할 수 있다. 스트레스를 느끼지 못했는데도 신체의 장기가 망가지기도 하고 암이 발병하기도 한다.

하지만 직접 감지하고 느끼지 못했을 뿐이지 스트레스를 받았다는 징후는 존재한다. 평소와 달리 숨이 가빠진다거나 식은땀을 흘린다거나 머리가 아파지는 것도 이러한 징후에 속할 것이다.

그런데 먹는 행위도 이러한 스트레스의 징후로 거론될 수 있다. 한 연구에서는 '스트레스를 받으면 먹는다'는 주장이 발견되기도 한다. 사람이 스트레스를 받으면 생리적인 변화를 겪고 이에 따라 먹는 행위가 증가한다는 것이다.

물론 반대 주장도 있다. 사람은 저마다 학습 환경, 태도,

┃ 스트레스가 먹는 행위로 변모하는 과정

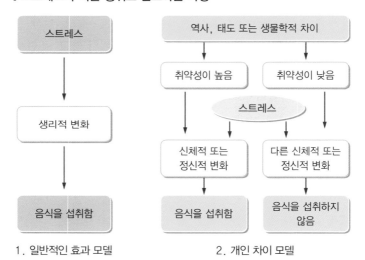

1. 일반적인 효과 모델   2. 개인 차이 모델

출처: Greeno, C. G. & Wing, R. R.(1994).

생물학적인 차이가 있어 스트레스를 견뎌 내는 강도가 다르고, 이에 따른 신체 변화도 달라 그 결과로 먹는 행위를 보이는 사람과 그렇지 않은 사람이 존재한다는 것이다. 전자는 '일반적인 효과 모델'이라 부르고 후자는 '개인 차이 모델'이라고 부른다.[31]

　스트레스 상황에서 모든 사람이 똑같은 증상을 보일 수는 없다. 어떤 사람은 스트레스를 이기기 위해 음식을 먹고, 또 어떤 사람은 전혀 다른 방식으로 스트레스를 해소한

❚ 감정과 여러 요인으로 음식이 섭취되는 과정, 그리고 비만

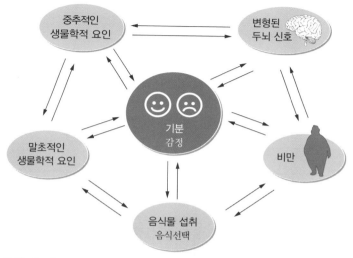

출처: Singh, M.(2014).

다. 그래도 사람이 스트레스를 받으면 먹는 행위를 한다는 점이 하나의 연구 모델로 제시될 만큼 일반화된 현상이라는 점은 주목할 만하다.

음식을 먹는다는 것은 보상과 연관이 있다. 음식을 먹으면 '도파민dopamine'이라는 신경전달물질이 생산되어 뇌신경세포를 흥분 상태로 만드는 역할을 한다. 이 흥분이 사람에게 만족감을 준다. 그러니 사람에 따라서는 뇌신경세포의 흥분에서 오는 만족감을 경험하기 위해 먹는 행위를 계속하

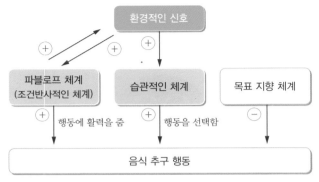

｜ 환경적인 신호에 의한 음식 선택 과정

출처: Pool, E., Delplanque, S., Coppin, G. & Sander, D.(2015).

기도 한다. 반복적으로 음식을 섭취하면서도 허기를 계속 느끼거나, 포만감을 감지하는 신호를 무시할 수도 있어 병적인 비만이라는 결과도 나타날 수 있다.[32]

부정적인 감정 상태를 겪는 사람은 이를 회피하고자 입에서 편안한 음식을 갈구하고, 주로 탄수화물과 고지방으로 구성된 단맛의 음식을 섭취할 가능성이 있다. 스트레스를 받으면 살이 빠지는 사람도 있지만 오히려 폭식과 비만을 겪는 사람도 있다는 것은 이론적인 근거가 있다는 얘기다.[33]

누구나 한번쯤 들어 봤을 '파블로프의 개' 실험과 같이, '자극-반응'의 결과가 '스트레스-음식'의 관계에도 똑같이 적용될 수 있다. 즉 스트레스를 받은 사람이 자신의 입맛을 돋우는 맛있는 음식과 만나면 폭식과 비만이 일어날 확률도 높아진다.

지금까지 살펴본 내용에서 스트레스와 폭식은 우리 몸이 설계된 바에 따른 것이다. 우리 스스로를 돌아 보면 일상생활 속에서 스트레스를 해소하기 위한 방편으로 음식 먹기라는 행위가 자주 일어나지 않는가! 평소 먹고 싶던 음식을 폭식하거나 일부러 술자리를 찾아 폭음과 폭식을 하기도 하는 이 모든 행위가 스트레스를 없애려는 행위라고 생각하면 스스로 애처롭기도 하다.

그런데 특이하게도 스트레스를 받은 사람이 섭취하는 음식은 일반화할 수 있을 정도로 비슷하다. 스트레스 발생 이유는 제각각 다르지만, 그때마다 먹는 음식이 정해져 있다는 말이다. 스트레스를 받은 사람은 음식의 양을 따지기보다는 고열량음식과 탄수화물, 지방에 대한 식욕이 증가해 이러한 종류의 음식을 더 많이 찾는다는 주장도 있다.[34] 쉽게 말해 스트레스를 받으면 살찌는 음식을 굳이 찾아서 먹는다.

우리나라에서 스트레스를 많이 받는 연령대는 고등학생일 텐데, 마침 서울의 한 고등학교에서 진행한 조사가 있다. 이를 바탕으로 살펴보자.[35] 고등학생 1~3학년 남녀 296명을 대상으로 조사해 보니 스트레스 강도가 높을수록 식사를 불규칙적으로 하는 경향이 높았다. 평소 학생들은 고기, 생선, 달걀, 콩류의 음식을 선호했는데 스트레스를 받은 후에는 당류도 함께 선호하는 결과를 보였다.

또한 학생들이 스트레스를 받으면 햄버거나 피자의 선호도가 높아지며, 빵과 과자 같은 간식 섭취가 증가하는 현상을 보였다. 한편으로는 스트레스 강도와 상관없이 스트레스를 받는다는 것 자체만으로 분식이나 인스턴트식품의 선호도가 증가하는 결과도 나타났다. 이러한 결과를 보면 우리나라 학생들이 고등학교로 진학한 뒤 살이 찌는 이유를 짐작할 수 있다.

고등학생은 입시라는 무한 경쟁 환경에서 스트레스에 노출되는 상황에 놓여 있다. 이들은 한창 먹고 성장해야 하는 나이여서 식욕을 절제하기 쉽지 않을 것이다. 이 때문에 고등학생은 자신의 환경을 회피하는 수단으로 살찌는 음식을 택했을 뿐이다. 입시라는 경쟁 환경이 스트레스를 만들고 그 스트레스가 폭식과 비만을 낳은 것이다.

정리해 보자. 스트레스를 푸는 방법은 저마다 다르다. 사람들은 스트레스에서 벗어나고자 기분 전환을 위해 다양한 방법을 찾지만, 이는 심리적 불안이라는 위기 상태에서 벗어나려는 처절한 노력이라고 볼 수 있다.

이러한 방법에 음식이 매개되면 그 방식은 매우 단순해

진다. '많이' 먹고 '살찌는' 음식을 먹는 것이다. 여기에 특정한 음식을 먹으려 하는 것 역시 버거운 스트레스 상황을 벗어나기 위한 노력이라고 생각할 수 있다.

결국 스트레스가 문제다. 스트레스는 여러모로 좋지 않은 결과를 낳는다. 몸에 좋지 않은 음식을 무한정 선택하게 만들 수 있고 이로 인해 비만을 가져올 수도 있다. 스트레스를 해소하려고 먹은 음식으로 인해 오히려 건강을 해칠 수도 있다. 결국 스트레스 해소용 음식은 악순환을 낳을 뿐임을, 우리는 알면서도 속고 있다.

로맨틱, 그 절반의 시작인 푸드

두 사람 간의 사랑은 만족이라는 감정에 가깝다. 사랑은 애정 결핍을 메우는 만족, 사람 간 관계에 대한 만족, 성적인 욕구를 충족해 주는 만족을 의미한다. 사랑이 한 방향으로만 흐른다면 문제가 되기도 하지만 두 사람 사이에 표현되는 사랑은 주로 만족감을 토대로 발현되는 감정이라고 할 수 있다.

이처럼 서로 사랑하는 사람을 만나면 정신적으로나 육체적으로 만족감을 얻는다. 그래서 사랑에 빠지는 사람은 성격도 착해지고 긍정적인 삶의 자세를 보이거나 현재의 상황보다 밝은 미래를 꿈꾸기도 한다. 사랑을 나누는 두 사람 사이에 이러한 만족감이 지속되면서 둘 간의 감정은 더욱 굳건해지고 서로 떼려야 뗄 수 없는 사이가 된다.

그런데 사랑의 과정을 보면 참으로 많은 에너지를 쏟아야 한다. 정신적으로나 육체적으로 말이다. '만족'은 결국 결핍을 채우려는 보완과 충족을 의미하기 때문이다. 기존에 결핍되었던 사랑이라는 감정을 보완하고 메우기 위해서는 일정 수준의 에너지가 필요하다. 정신과 육체 모두에 매우 큰 에너지가 소모되게 마련이다.

사랑을 느끼는 누구나 한번쯤 이러한 상황을 겪는다. 때로는 너무나 큰 감정 소비 때문에 피곤함을 느끼고, 때로는 너무나 정력적인 활동 때문에 지친다. 사랑의 과정에서 음식이 빠질 수 없는 이유는 여기에 있다. 정신적, 육체적으로 쏟은 에너지를 보충하기 위해서, 혹은 다시 에너지를 얻고 사랑을 유지하기 위해서 말이다.

사랑과 음식의 관계를 보여 주는 몇몇 조사 결과가 있다. 이들 결과를 보면 사랑의 과정에서 음식이 어떻게 취급되는지 알 수 있다.

한 조사에 의하면 이성에게 쓰는 데이트 비용 중에 여성은 교통비를, 남성은 식비를 가장 아까운 비용으로 꼽았다.[36] 사실 이는 예상하기 쉬운 결과인 듯하다. 데이트를 하려면 장소가 있어야 하고, 그 장소에 가는 과정과 즐기는 시간, 활동을 생각하면 교통비와 식비가 데이트 비용 중에서도 높은 비율을 차지하기 쉽다. 즉 '어떠한 장소로 이동해서 무언가를 먹는 형태'로 대부분의 데이트가 이뤄진다고 볼 수 있겠다.

그런데 남성은 이성에게 쓰기 가장 아까운 비용을 식비라고 생각한다니, 식비에 들어가는 비용이 어느 정도일지 궁금하고, 엄살이 아닐까 하는 생각도 든다.

같은 조사에서 나온 흥미로운 결과가 또 있다. 남성은 자신이 지출하는 데이트 비용에서 식비를 아깝게 보지만, 이성이 지출하는 비용에서도 커피나 디저트 같은 간식비를 가장 아깝다고 답한 것이다. 다시 말해 남성은 데이트에서 상대에게 쓰는 비용도 식비가 가장 아깝고 이성이 식비를 지출하는 것도 아깝다고 생각했다. 조사 대상이 20~30대 미혼 남녀이니 이 연령대 남성은 식비의 소비 비율이 매우 높다고 생각한다는 이야기다.

반면 여성은 자신이 쓰는 데이트 비용 중에서 대리운전이나 주유에 쓰이는 교통비를 가장 아깝게 생각했고, 남성이 지출하는 비용에서는 게임비가 가장 아깝다는 생각이 들었다고 답했다. 남성과 여성의 차이는 이처럼 극명히 드러난다.

또 하나 눈에 띄는 결과가 있다. 남녀 모두 자기 자신에게 쓰는 비용으로 식비를 중요하게 생각했다. 자기 자신에

┃ 미혼 남녀는 이성이 어디에 돈을 쓸 때 가장 아까워하나?

男		女	
25.8%	커피·디저트 등 **간식비**	게임비	37.3%
23%	화장품·미용실 등 **외모 관리비**	술자리 등 **유흥비**	22.3%
15.6%	성형·시술 **병원비**	**담배값**	18.1%

출처: 결혼정보회사 듀오(2015).

게 쓰는 지출 중에서 가장 아깝지 않은 비용을 식비로 생각했고 동시에 지출이 가장 많은 분야도 식비로 나타났다.

종합해 보면 남녀 모두 자기 자신에게 식비를 쓰는 것에는 관대하지만, 남성의 경우 상대에게 데이트 비용으로 식비를 쓰는 것에 부담을 느꼈고 여성은 그렇지 않았다. 심지어 남성은 자기 자신에게 지출하는 식비를 아까워하지 않으면서 여성이 자기 자신에게 간식비를 쓰는 비용은 아깝다고 생각한다. 어쨌든 남성에게 식비는 자기 자신에게도 중요하게 여겨지고 지출도 많은 비용이다. 동시에 이성이 지출하는 비용에서도 식비를 중요한 지출 비용이라고 여긴다.

남성이 데이트 비용 중에서 식비 지출이 아깝다고 말한 데는 이유가 있다. 미혼 남녀에게 가장 많이 찾는 데이트 장소를 물어 보면 식당이라고 응답하는 비율이 가장 높았다. 구체적인 응답 비율(중복응답)을 보면 식당(67.3%), 카페(56.9%), 영화관(53.8%) 순으로 낮아진다.[37] 엄밀히 말해 카페까지 음식 섭취가 이뤄지니 식비가 지출되는 장소라고 볼수 있다. 이는 19~39세 미혼 남녀 1,000명을 대상으로 조사한 내용이니 결혼 적령기 남녀 대부분에게 음식은 빠질수 없는 데이트 수단으로 봐도 되겠다. 그래서 식비 지출도 많다.

자, 남녀 모두 데이트를 할 때 음식과 이를 위한 식당이라는 장소를 중요하게 생각한다는 점을 발견했다. 특히 맛집으로 알려진 식당이 정말 인기 있는 데이트 장소로 선호된다.[38] 단순한 식당이 아니라 맛있는 음식도 있어야 데이트 장소로 알맞다는 이야기다.

이렇게 우리는 음식을 먹으며 사랑을 나눈다. 맛있는 음식을 나눠 먹으며 데이트를 하고 그 사랑을 더 키워 나간다. 조사 결과를 보면 정말 많은 남녀가 식당에서 맛있는 음식을 먹으며 사랑을 키웠을 것이다.

그렇다면 우리는 왜 음식을 먹으며 사랑을 나눌까? 음식이야말로 이성에게 자신의 데이트 기술을 보여 줄 수 있는 가장 좋은 도구이기 때문이다.[39] 심리학자 마리안 피셔 Maryanne Fisher는 더 좋은 음식을 사고 더 나은 식사 자리를 준비하는 것이 잠재적인 배우자와의 관계 유지 차원에서 매우 중요하다는 점을 강조한다. 사랑하는 사람과의 관계를 유지하려면 음식이 중요하다는 것이다.

피셔는 사랑, 섹스, 음식 사이에 연관성이 있다고 주장한다.[40] 배고픈 상태에서는 사랑에 빠지기 힘들지만 막상 미치도록 사랑하는 사람을 만나면 우리 몸은 페닐에틸아민 PEA, phenylethylamine이나 노르에피네프린norepinephrine 같은 화학적 흥분제를 생산하여 예민해지고, 그 때문에 식욕을 잃어버리기도 한다. 한편으로 음식을 먹을 때 사용하는 시각, 후각, 촉각은 섹스할 때 쓰이는 감각과 같다. 그래서 함께 음식을 먹는 행위만으로 섹스와 비슷한 감정을 느낄 수 있다고 한다.

이렇게 의문이 풀린다. 사랑에 빠진 사람은 살이 빠져 외모가 살아나기도 하고, 커플은 함께 음식을 먹으며 감정의 고조를 느끼기에 살이 찌기도 하는 것이다.

사랑하는 사람과 맛있는 음식을 함께 나누는 행위는 그 자체로 호감과 애정의 감정으로 가는 지름길이다. 커플에게는 함께 음식 먹기가 육체적으로나 정신적으로도 섹스와 마찬가지의 만족감을 선사할 수 있다.

이 때문인지 이성에게 호감을 느끼는 취미를 꼽아 보라는 질문에 남성은 요리를 가장 최우선으로 꼽았고 여성은

❚ 미혼 남녀가 가장 선호하는 이성의 취미는 무엇인가?

男		女	
35%	요리	사진촬영	37%
20%	가죽공예 등 DIY	운동	30%
18%	운동	요리	24%
10%	맛집 탐방	가죽공예 등 DIY	5%

출처: 결혼정보회사 가연·천만모여(2017).

사진 촬영, 운동 다음으로 요리를 꼽았다는 조사 결과도 등장한다.[41] 남성은 여성의 취미가 요리라는 데 큰 관심을 가졌고, 여성도 남성의 취미가 요리라면 좋게 본다.

음식을 통해 사랑을 더 키울 수 있다고 하니, 함께 먹을 음식을 손수 만들어 주는 상대가 더욱 멋져 보이는 것은 당연하다. 그러나 여기서 흥미로운 점은 '손수' 요리를 만드는 모습에 호감을 느낀다는 점이다.

사실 음식이 그토록 중요한 사랑의 요건이라면 '맛집 탐방' 같은 취미에 더 호감이 생긴다고 답할 수 있다. 하지만 맛집 탐방은 남성이 선호하는 상대의 취미에서 네 번째 정도로 밀려나 있다. 남성은 여성과 음식을 함께 먹는 것이 중요하다고 보면서도 사 먹는 음식보다는 상대가 손수 만든 요리를 더 좋다고 여기는 것이다.

데이트를 할 때 음식을 먹는 장소로 선호되는 유형이 바뀌는 이유도 여기서 찾을 수 있다. 한때 커플의 데이트 장소로 각광 받던 패밀리레스토랑이 사라지고 있다는 점이 그 적당한 사례일 것이다.[42]

우리나라는 급격한 경제성장을 경험하며 1980년대부터 외식산업의 부흥기를 보냈는데, 이 시기에 성장한 것이 패밀리레스토랑이다. 패밀리레스토랑은 다소 무거운 느낌을 주던 양식의 개념을 경쾌하게 바꿔 놓았다. 패밀리레스토랑에는 생일과 같은 기념일에 음악을 선사하는 이벤트도 있었고, 종업원들이 항상 활기찬 모습으로 손님의 눈높이 아래에서 주문을 받아 이색적인 느낌을 주었다. 패밀리레스토랑 출현 이전까지 데이트의 상징적인 장소는 이른바 '칼질'을 할 수 있는 경양식 음식점이었는데, 패밀리레스토랑이 등장하자 당시 신세대 커플에게 경양식 음식점보다도 더 주목받는 데이트 장소가 되었다. 이 패밀리레스토랑에 한 번도 가보지 않은 커플은 찾아 보기 힘들 정도로 인기가 많았다.

하지만 2000년대 들어서 패밀리레스토랑도 하향세를 면치 못했다. 무엇보다 경기 침체가 한몫했다. 신세대 커플의 주머니 사정이 어려워지니 음식 값이 비싼 패밀리레스토랑은 데이트를 위한 장소로 적합하지 않게 된 것이다.

　게다가 개성을 중시하고 표현을 망설이지 않는 요즘 젊은 세대에게는 어디를 가도 똑같은, 같은 레시피로 만든 같은 맛의 요리를 즐기는 것이 식상해졌을 것이다. 동시에 남들이 해 보지 않은 데이트 코스를 선호하고 골목 구석구석을 찾아다니며 새로운 맛집을 발굴해 내는 것에 희열을 느끼는 커플도 많아졌다. 이들은 더 이상 패밀리레스토랑에 흥미를 느낄 수 없다. 데이트 장소로 음식점을 많이 가고 맛집을 선호하지만 그렇다고 패밀리레스토랑이 먹을거리를 즐기는 데이트 장소로 선호되지 않는 것이다.

　데이트 중에 직접 좋은 요리를 해 주고 둘만이 특별하게 즐길 수 있는 맛집을 찾아내는 사람은 데이트 상대로 더 인기가 있게 마련이다. 그래서 누구나 쉽게 찾을 수 있는 패밀리레스토랑을 데이트 코스로 제시하는 사람은 이제 호감을 얻기 힘들어졌다. 패밀리레스토랑이 점차 사라지는 이유가 여기에 있다.

　우리는 오늘도 누군가를 만나 먹고 마시고 이야기한다. 그 과정에서 누군가는 다른 누군가에게 호감을 느끼고 사랑의 열병을 겪는다. 이 열병이 결합이라는 좋은 결실로 맺어지면 다시 좋은 음식을 먹는 행위로 이어지기도 하지만, 그저 열병으로 끝나 실연의 고통을 맛본 사람은 이 고통에서 벗어나기 위해 또 먹는다. 사랑에 빠지면 식욕이 억제되고 한편으로 식욕이 살아나 다시금 살이 찌고, 그러다가 사랑에 실패하면 다시 고통에서 벗어나기 위해 먹거나 아니면 먹지 않고…. 이 반복된 과정 속에서 우리는 살고 있다. 우리는 아직도 사랑을 한다. 그리고 또 먹는다. 그리하여 음식은 모든 로맨스의 시작과 끝에 어디에나 있다. 사랑과 음식은 이처럼 밀접하다.

Part 6

빅데이터와 푸드 초이스

나도 모르는 내 선택

어떤 사람은 자신도 모르는 사이에 말하고 행동한다. 의도적으로 말하고 행동하는 사람도 있지만 의도치 않은 말과 행동이 불쑥 튀어나오는 사람도 있다는 것이다.

한편으로 말과 행동은 머리로 기억하고 마음에 품은 것을 발현한 결과다. 물론 이들 선후 관계는 반대가 될 수도 있다. 말과 행동을 먼저 한 다음 이를 토대로 머리로 기억하고 마음에 품는 형태로 말이다.

어떠한 특정 대상을 머리로 받아들이고 마음에 새기는 일과 그것을 말과 행동으로 표현하는 일은 다르다. 보이지 않는 것과 보이는 것의 차이로 쉽게 설명할 수 있지만 철학에서는 이를 관념적인 것이냐 실재적인 것이냐의 문제로 더 깊고 세분화된 개념으로 설명한다.

1990년대 인터넷이 등장하면서 우리는 말과 행동을 마음껏 기록하고 공유하는 시대에 진입했다. 물론 이전에도 사람의 말과 행동을 전하는 책, 신문, TV, 라디오, 잡지 같은 미디어가 있었다. 그러나 기존 미디어는 인터넷(웹)과 이후 등장한 스마트폰(앱)만큼 말과 행동을 더 많이 기록하거나 확산시키지는 못했다. 포털사이트에서 검색어를 쓰고 소셜미디어에서 자신의 소식을 전하며 유튜브 동영상을 통해 의견과 행동을 보여 주는 행위는 이전의 미디어에서 볼 수 없던 현상이다.

이제 사람들은 말과 행동을 기록하고 확산하기 더 바빠졌다. 때문에 요즘은 이렇게 많은 사람이 쏟아 낸 말과 행동을 실시간으로 확인하고 분석하기도 쉬워졌다. 평소 사람들이 어떻게 말하고 행동하며, 이를 통해 어떠한 의도를 품고 있는지 쉽게 알아볼 수 있다는 말이다. 예전에는 설문조사로 혹은 심층적인 인터뷰로 조사해 봐야 알 수 있는 것들이 오늘날에는 인터넷과 스마트폰만 들여다봐도 해결되는 것이다.

사람들은 형식을 갖춘 설문조사나 심층인터뷰에 답할 때보다 인터넷과 스마트폰에서 더 자유롭게 자신의 의견과 행동을 표현한다. 덕분에 사람들의 마음이나 행동을 연구하는 연구자들이 생각과 마음을 더 여과 없이 수집할 수 있는 환경이 되었다. 즉 사람들이 무엇을 학습하며 무엇을 생각하고 또 마음을 먹는지, 사회현상 안에 숨겨진 의도를 더 쉽게 분석할 수 있는 환경이 정착하고 있는 것이다.

우리는 이전 파트까지 어떠한 이유로 특정한 음식을 선택하는 지 살펴봤다. 우리 마음대로 음식을 선택하는 것 같지만 실제로는 그렇지 않다는 것, 음식을 선택하기까지 주변의 많은 변수들이 등 장하는 모습을 보았다.

이번 파트에서는 음식을 선택하기까지 우리도 모르는 사이에 말하고 행동하는 내용에 대해서 알아보자. 앞에서 주변 환경이 먹 을거리 선택을 독려하는 상황을 다뤘다면, 이제 주변 환경에 영향 을 받은 우리가 먹을거리를 선택하기까지 그 과정에서 어떻게 말 하고 행동하는지 다뤄 보자.

우리는 주변의 영향 속에서 어떻게 말과 행동을 하고 실제 어 떤 자세와 의도를 취하고 있을까? 나 자신보다는 타인이 좋아하 는 음식을 먹고, 이야기가 담긴 음식에 관심을 갖고, 캐릭터와 포 장지의 이미지로 음식에 집중하고, 시대 통념에 따라 음식을 선택 하며, 시간·장소·상황이 음식을 결정하도록 허락하는 동안, 우리 는 어떻게 말하며 어떠한 행동을 하고 있는 것일까? 앞선 파트들 이 음식을 선택하는 데 영향을 미치는 외부 요인에 대해 다뤘다 면, 이번 파트는 이러한 외부 요인을 받아들이는 '나'를 살펴보는 내용이다.

이른바 '빅데이터Big Data'는 단어 그대로 큰 데이터를 의미한 다. 개념적으로 사회 구성원의 모든 데이터를 수집할 수 있다는 점에서 빅데이터는 흥미로운 개념이다.[1]

요즘은 개인이 특정 물건을 사거나 소셜미디어에 글이나 사진을 올리거나 어딘가에 전화를 걸거나 대중교통을 이용하는 등의 모든 행위가 디지털화된 데이터로 축적된다. 쉽게 말해 빅데이터는 사람들의 행위가 디지털화된 데이터로 모두 기록되어 저장된 데이터 집합이다. 오늘날 인터넷과 스마트폰이 더 폭넓게 확산되면서 사람들의 행위 데이터가 더욱 쉽게 쌓이는 환경이다. 이러한 환경에서 더 다양하고 많은 빅데이터가 빠르게 생산되고 있다.

이처럼 이론적으로 빅데이터 환경에서는 모든 사회 구성원이 일상생활 중에 기록하는 데이터를 모두 수집할 수 있다. 즉 전체 사회 구성원의 특성을 분석하는 데 용이하다. 특히 인터넷과 스마트폰에서는 모든 정보를 디지털로 교환하므로 이 환경에서 생산되는 글이나 이미지, 동영상 들을 빅데이터의 개념으로 수집해 분석하는 일이 상대적으로 쉬워졌다. 웹(인터넷)과 앱(스마트폰)의 모든 이용자를 분석할 수 있는 셈이다.

물론 웹과 앱에서 발견되는 글이나 이미지, 혹은 동영상을 모든 사회 구성원이 생산하는 것은 아니다. 이른바 디지털 콘텐츠는 웹과 앱에 익숙한 사람, 이를 이용하는 사람이 쏟아 낸 정보다. 그러니 웹과 앱을 이용하는 사람은 모두 이러한 글, 이미지, 동영상 들을 한번쯤 생산해 봤거나 잠정적으로 생산할 가능성이 있는 사회 구성원이 된다.

현재 소셜미디어 이용자는 음식에 관해서는 정말 많은 의견과 이미지, 동영상을 쏟아 낸다. 최근에는 음식을 소개하고 그 조리법을 다룬 방송 프로그램이 큰 인기를 끌면서 음식에 대한 관심이 더욱 높아지고 있는 추세다. 그러니 인터넷과 스마트폰의 소셜미디어에서 음식을 어떤 식으로 언급하는지 그 내용을 살펴보면, 대략적으로 음식에 대한 사람들의 전반적인 생각을 알 수 있다.

우리는 자신도 모르는 이유로 음식을 선택하지만, 이미 음식을 선택하는 과정에서 무엇을 선택할지 많은 신호를 남기고 있다. 마지막 파트에서는 이런 신호가 구체적으로 무엇을 의미하는지 살펴보도록 하자.

기저귀가 많이 팔리면 맥주도 많이 팔린다?

부모가 되어 아이를 키우다 보면 유년 시절에는 아무것도 아니라고 생각한 일이 얼마나 어려운 것인지 알 수 있다. 이를테면 집이 청소되어 있거나 밥이 차려져 있거나 학용품 살 돈이 마련되거나 수돗물이나 전기를 쓰거나 하는 일이 어떻게 이뤄지는지 어릴 때는 몰랐다. 아빠, 엄마가 즐겁게 돈을 벌고 활기차게 집안일을 하시면 당연히 그렇게 살림이 꾸려지겠거니 했던 것이다.

그런데 부모가 되니 그렇게 당연하다고 여겨졌던 일이 전혀 그렇지 않았음을 하나하나 학습한다. 평온하고 아무 일도 없던 것 같은 우리 집의 실상을 부모가 되어서야 알게 된다고나 할까? 직장을 다니고 살 집을 구하거나 집안의 크고 작은 일이며 아이를 낳고 기르면서 생기는 여러 변수까지, 부모 입장에서는 어느 하나 쉬운 일이 없다.

가정을 꾸리는 일은 독립된 개체가 모여 작은 단위의 공동체를 이뤄가는 것이니 이 과정이 쉬울 수가 없다. 살면서 생기는 많은 장애물을 하나하나 넘어 가고 돌아가며 사는 것이 인생이지만, 자식은 앞에서 버티고 있는 부모의 커다란 존재에 가려진 그 장애물을 볼 수 없다. 자식은 부모 앞에 있는 수많은 장애물을 발견하지 못한 채 부모의 '겉모습'만 볼 뿐이다.

개인으로서 어떻게 살아갈까에 대한 고민은 부모가 되는 순간부터 배부른 고민이 된다. 보통의 부모라면 앞으로 인생 여정의 모든 선택에서 집안의 사정과 가족의 상황을 최우선으로 고려해야 하기 때문이다.

하지만 새로운 공동체를 꾸리고 새로운 생명을 얻는 일이 어찌 쉽게 이뤄질 수 있겠는가! 어렵고 힘든 것이 당연하다. 부모가 되는 과정은 끊임없는 삶의 장애물을 넘어가야 하니 힘든 여정이지만, 새로운 공동체에서 얻는 위안도 있으니 부모가 되기 이전과는 또 다른 즐거움을 경험할 수 있다.

이처럼 부모가 되는 과정은 힘듦과 즐거움이 동시에 오는 과정이다. 여기서 부모로서 가장 힘든 일을 꼽으라고 하면 많은 이들이 육아를 꼽을 것이다. 세상에 새로 태어난 아기를 돌보는 일은 대개 가족 공동체를 이루지 않고는 경험해 볼 수 없으니 힘들 수밖에 없다. 아이가 태어나고 성장하는 과정에서 챙겨야 할 것이 많은데, 그 모두를 수행하다 보면 우리 부모도 나를 이렇게 챙겼겠구나 하는 생각도 든다. 아이를 키우는 일[육아]이 그야말로 부모라는 한 인간의 수행과 득도의 과정인 이유가 여기에 있다.

그렇다면 그 수행과 득도를 위해 기본적으로, 꼭 있어야 하는 아이템으로 무엇을 꼽을 수 있을까? 바로 '기저귀'다. 여기서 기저귀와 먹을거리가 관련된 흥미로운 연구가 있어 소개한다.

1990년대 미국의 한 대형마트에서는 기저귀가 많이 팔리면 맥주도 많이 팔리는 현상을 발견했다.[2, 3] 대형마트는 이 현상에 발맞춰 기저귀와 맥주 진열대를 가깝게 배치했는데 결과는 대성공이었다. 기저귀와 맥주의 매출이 모두 급상승했던 것이다. 왜 이런 일이 일어난 것일까? 전형적인 육아 용품인 기저귀와 주류 상품인 맥주에 대체 무슨 연관성이 있기에? 육아하는 모든 부모의 궁금증을 자아낼 만한 현상이다.

답은 바로 육아와 그 역할 분담에 있었다. 아빠들이 금요일 오후에는 기저귀를 사러 가서 보통 맥주도 함께 사 온다는 것이다. 미국에서 마트는 당연히 차를 몰고 가야 하는 곳이고, 한번 갔을 때 여러 물품을 구매하므로 주로 남성이 마트에 들러 물품을 사 오는 일이 많다. 아빠들은 어차피 육아 기간에 집 밖으로 나가서 술을 마실 엄두도 내지 못하니 마트에 들른 김에 맥주 한 박스를 함께 장바구니에 담아 간다는 것이다.*

기저귀와 맥주의 이야기는 많은 일상사를 포함하고 있다. 이 사례는 빅데이터를 설명할 때 많이 언급되는데, 한편으로 우리 삶과 음식에 관해 이야기를 전달해 주는 대목이 있다.

우선 육아와 음주의 관계에 관한 대목이다.

앞서 말했듯이 육아는 부모가 되는 치열한 과정이고, 쉽지 않은 작업을 포함하고 있다. 아이를 낳아 기르는 일은 부모로서 처음 경험하는 과정이므로 많은 시행착오를 거치는데 이 과정에서 많은 스트레스가 따른다. 그러니 아이를 둔 남편이 아내의 부탁에 따라 대형마트에서 기저귀를 사는 중에 주류 코너를 기웃기웃하다가, 맥주 한 박스를 집어 드

---

* 통계적으로는 이와 같은 사례를 어디든 적용할 수 있는가에 대한 논란이 있다. 그러나 이 사례가 오늘날 빅데이터의 효용성을 설명하는 데 큰 역할을 한 것은 분명하다. 빅데이터를 통해 상관성 정도를 확인할 수 있었기 때문이다.

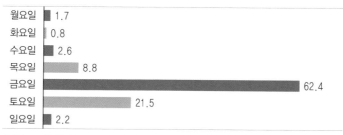

▌사람들이 생각하는 음주에 가장 좋은 요일(단위: %)

월요일	1.7
화요일	0.8
수요일	2.6
목요일	8.8
금요일	62.4
토요일	21.5
일요일	2.2

출처: SK플래닛(2017).

는 모습을 상상하면 왠지 모르게 애잔하다. 육아 필수품인 기저귀를 사러 갔다가 맥주라는 먹을거리도 함께 구매하는 모습에서 육아의 과정이 부모에게 가져다주는 삶의 고단함이 느껴지기 때문이다.

다음으로 술을 마시고 싶은 요일, 즉 금요일에 관한 대목을 꼽을 수 있다.

기저귀와 맥주의 이야기에서 지목된 요일은 금요일 오후다. 대개 금요일 오후에 기저귀를 사는 젊은 미국 남성이 맥주도 함께 살 가능성이 높다는 것이다. 금요일은 T.G.I.F Thank God it's Friday*라고 불릴 만큼 모든 사람을 들뜨게 만드는 요일이 아닌가! 부모도 육아하는 동안에 지친 피로를 풀

* '신이시여 고맙습니다. 오늘은 금요일입니다'라는 뜻으로 주말의 해방감을 표현한 말이다.

고 싶었을 테니 이해가 가는 대목이다.

우리나라 사람들도 일주일 중 가장 술 마시기 좋은 요일로 '불타는 금요일'*을 꼽았다.[4] 술 마시는 데 부적절한 요일이 화요일이라면 가장 좋은 날은 단연 주말을 앞두고 있는 금요일이라는 것이다. 술을 얼마나 마실 것인지 모르겠지만 술 마시고 난 다음 날은 쉬는 날이었으면 좋겠다는 마음이 통계에서도 드러난다. 금요일 다음으로 선호하는 요일이 토요일인 것을 보면 그렇다.

한편 맥주는 사회적 친목 도모를 위한 욕구와도 관련성이 있다. 그래서 기저귀를 사면서 맥주도 구매하는 행위에서 이러한 욕구가 반영된다고 해석할 수 있다.

2015년부터 2018년까지 지난 3년간 포털과 소셜미디어에서 사람들이 맥주라는 단어를 얼마나 언급하는지 살펴보자. 맥주와 관련해 약 1,240만 건(12,425,600건)의 말들이 쏟아졌다. 맥주와 관련한 언급이 한 해 400만 건 이상 발생한 것이다. 그런데 여기서 주목할 만한 점은 맥주와 관련한 연관어 순위에서 1위가 '친구'라는 점이다.

이런 결과는 뉴스든 블로그든 커뮤니티든 SNS든 어디서나 맥주를 언급할 때 친구라는 단어가 함께 등장하는 경

* T.G.I.F.의 우리나라식 표현이다.

❙ 사람들은 '맥주'와 함께 어떠한 단어를 많이 언급할까?

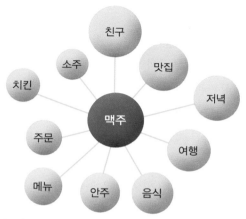

출처: TrendUp(http://social.trendup.co.kr/).

(주)타파크로스 TrendUp 엔진에서 검색(2015년 4월 18일부터 2018년 4월 18일까지의 데이터 수집, 이하 동일).

우가 많다는 것을 의미한다. 즉 사람들이 맥주를 떠올릴 때 친구라는 이미지를 함께 떠올릴 가능성도 높다. 만일 친구와 오랜만에 만나 회포를 풀고 고민을 공유한다면, 이 매개물은 맥주일 가능성이 높다는 것이다.

이처럼 맥주 하면 친구를 떠올릴 수 있다. 그래서 이 맥주를 기저귀와 함께 구매했다는 말은 많은 남성이 육아에서 탈피해 친구를 만나 회포를 풀고 싶은 욕구를 지니고 있음을 뜻하는지도 모른다.

이렇게 기저귀와 맥주에 관한 이야기로 생각해 볼 수 있는 점이 많다. 육아의 고단함, 음주에 최적화된 시간, 그리고 사회적 친교 행위에 대한 욕구까지 말이다.

실제로 빅데이터 검색엔진 언급량을 보면 맥주와 기저귀 사이에 상관관계가 있는 듯 보인다. 구글에서 맥주와 기저귀의 검색량을 봐도 이러한 경향이 있다. 영어로 검색해도 마찬가지다. 물론 통계적으로 유의미한 결과를 도출하려면 주변의 많은 변수가 더욱 고려되어야 하지만 말이다.

아마도 구글의 '맥주와 기저귀에 대한 관심도 비교' 그래프에서 언뜻 보이는 상관성은 빅데이터를 설명하는 사례로 기저귀와 맥주 사례가 많이 언급되었기에 나타나는 결과라고도 볼 수 있다. 즉 맥주와 기저귀에 대해 연관해서 말하는 사람도 많지 않을 수 있고 상관성을 발견하는 것도 어려운 일이다. 꼭 사람들이 맥주와 기저귀를 굳이 함께 언급한다고 볼 수는 없다.

한편으로 많은 아기 아빠들이 대형마트에서 기저귀를 살 때 맥주를 고르는 행위는 무의식중에 나온 행위일 수 있다. 평소에는 생각지도 않던 행위가 마트에 가면 나오는 것이다. 대형마트에서 이것저것 골라 카트에 담으면서 계획에 없던 것을 얼마나 많이 구매하는가! 이를 생각하면 쉽게 이해할 수 있다.

▎ '맥주'와 '기저귀'에 대한 관심도 비교

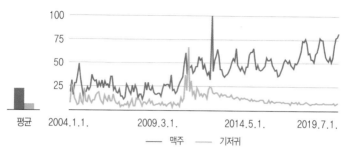

출처: Google Trends(Google Trends: 맥주&기저귀).

　분명하게 말할 수 있는 것은 아기 아빠들이 기저귀를 살 때 맥주를 사는 것처럼 우리는 무의식중에 뜻하지 않은 곳에서 먹을거리를 선택한다는 점이다.

　의도했든 하지 않았든 간에 그 선택 행위는 우리 삶의 많은 부분을 설명한다. 평소 특정한 음식에 대해 많이 언급하지만 언급하지 않는다고 해도 어떤 상황이 되면 그 음식을 선택하곤 한다.

　꼭 누구에게 설득되어서도 아니고 어떤 메시지에 노출되어서도 아니다. 삶 속에서 축적된 많은 요인이 우리로 하여금 특정한 음식을 선택하게 한다. 우리는 오늘도 평소 생각지도 않았던 음식을 선택하고 또 먹는다. 그리고 이것은 어느 순간 거대한 데이터의 이야기로 표출된다.

음식의 무엇을 말하고 있나?

인간의 일상생활에서 음식의 위치는 고정적이다. 인간은 태어나서 죽을 때까지 음식을 먹는다. 일상생활의 세 가지 요소를 '입을 것', '먹을 것', '생활하는 곳'인 의식주衣食住로 설명하지만 이 중에서도 먹을 것은 인간이 생활하는 기반이며 원천이다. 당장 입을 것, 생활할 곳이 없어도 살 수 있지만 먹지 못한다면 살 수가 없다. 생활의 에너지원이기 때문이다.

뻔하지만 중요한 이야기다. 음식이 없으면 살아갈 수 없거니와 살아 움직이는 힘, 활력을 얻을 수도 없으니 우리는 음식 문제만큼은 매우 예민하게 바라봐야 한다. 음식 관련 상품에 문제가 드러나면 이에 대해서 격렬한 반응을 보여야 한다. 사람들이 즐겨 먹는 특정한 음식의 가격이 폭등하면 왜 가격이 올랐는지 그 생산과 유통 과정을 모니터링하려고 노력해야 한다.

그런데 정작 음식과 관련한 이슈가 발생할 때 사람들은 그 이슈에 어떻게 반응할까? 음식 문제도 생명과 직결된 것이니 전쟁과 마약, 폭력과 살인 같은 문제만큼 중요하고 민감한 이슈인데 우리는 그 문제에 대해 그만큼 중요하게 생각하고 예민하게 반응하고 있는가?

산업의 영역에서는 음식도 유통 및 판매되는 하나의 상품에 해당한다. 음식 상품과 관련한 이슈의 성격에 따라 음식을 생산하는 기업은 흥하거나 망할 수 있다. 그러니 음식 상품도 여느 상품과 마찬가지로 기업의 차원에서는 광고와 홍보에 열을 올리고 좋은 이미지를 형성하려는 노력이 지속된다. 음식과 관련해 무슨 문제라도 발생하면 이 음식을 상품으로 판매하거나 식자재를 유통하는 기업은 이 문제를 치명적인 사안으로 인식하여 대응한다.

우리가 음식과 관련해 그 중요성에 비해 민감하게 반응하지 못하는 이유도, 어찌 보면 음식이 이제는 너무나 흔한 상품이기 때문인지도 모른다. 기업이 음식 상품에 대한 이슈 관리를 점점 체계화하면서 우리가 음식 관련 문제에 대해 예민하게 반응할 이유를 잊게 하고 있는지도 모를 일이다.

그렇다면 사람들은 음식에 대해 어떠한 말을 쏟아 내고 있을까? 우리는 정말 음식을 중요하게 생각하고 음식에 대해 의미 있는 대화를 나누고 있을까? 음식을 소비하는 입장에서도 궁금하지만 음식을 상품으로 생산하는 기업의 입장에서도 사람들의 이야기에 귀를 기울여야 이슈를 빠르게 파악해 대응하는 데 용이할 것이다.

'음식', '푸드', '먹을거리'와 같이 먹는 것과 관련하여 사람들은 지난 3년간 3,270만 건(32,743,330건)의 언급을 쏟아 냈다. 1년에 평균 1,000만 건 이상 언급했으며 한 달 언급량만 90만 건 이상에 달하니 확실히 먹는 것은 사람들의 꾸준한 관심을 받고 있다.

그럼 음식에 대해 무엇을 많이 이야기하는지 세부적으로 그 내용을 살펴보자.

우선 사람들이 음식과 함께 많이 언급하는 시간대는 언제일까? 정답은 '저녁'이다.[5] 사람들은 음식을 언급하면서 저녁에 대한 이야기를 많이 했다. 저녁 다음은 '아침', '점심'이다.

세끼를 모두 챙겨 먹는 사람이라면 가장 관심을 가지는 끼니때의 순서는 저녁, 아침, 점심인 셈이다. 집에서 밥을 해서 먹더라도 저녁 시간에, 약속을 하더라도 저녁 시간에 대해 이야기한다.

▌'음식'과 함께 어떤 시간을 가장 많이 언급할까?

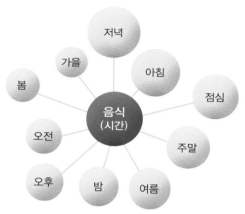

출처: TrendUp

맛있는 음식, 좋은 음식, 먹고 싶은 음식을 선택하고자 하는 욕구가 반영된 결과로 보인다. 특히 술과 함께 먹는 안주에 별미가 많다는 점을 상기해 볼 때 '음식'과 '저녁'이 함께 많이 언급된다는 점은 이상하지 않다. 사람들은 음식과 연관 지어 저녁을 이야기하고, 저녁을 이야기하면서 음식을 이야기한다. 저녁에 많이 먹으면 살찌고 몸에도 좋지 않다는 점을 많이들 알지만, 사람들은 저녁과 음식을 굳이 연결시킨다.

그렇다면 요일의 언급량은 어떨까? '주말', '일요일', '토요일' 순으로 음식과 함께 언급한다. 주말에는 외식을 하는 가족도 많고 데이트나 모임도 주말에 이뤄지는 경우가 많아 이러한 결과가 나왔을 것이다. 그래서 '주말'과 '저녁'을 합친 시간대가 음식과 함께 가장 많이 언급될 가능성이 높다는 점을 알 수 있다.

명절 등의 특정한 날로 따지면 '추석', '크리스마스', '설날', '동지', '핼러윈', '초복' 등이 음식과 함께 언급되는 단어다. 기념일 파티에 음식이 빠질 수 없고 추석, 설날, 동지, 초복과 같은 날은 송편, 떡국, 팥죽, 보양식 등과 같이 특정한 음식이 생각나는 날이기도 하니 음식이 많이 언급되는 것은 당연하다.

이렇게 음식과 함께 언급되는 시간 관련 단어를 살펴보면 모두 휴식, 놀이, 즐거움의 이미지가 그려지는 단어가 많이 언급된다는 특징을 보인다. 사람들은 하루의 일과를 마치고 저녁에 쉬고, 혹은 일주일을 마무리하는 주말에 놀고, 그도 아니면 명절을 즐기는 이미지를 떠올리며 함께 음식을 이야기하고 있는 것이다.

이번에는 장소를 중심으로 살펴보자. 사람들은 음식과 함께 어떤 장소를 언급할까? 누구나 예상하는 단어 '식당'이 가장 많이 언급된다. 당연한 결과다. 이를 통해 사람들은 음식을 집이 아닌 식당에서 나오는 생산물로 받아들이는 경우가 많다는 점도 예상할 수 있다.

∥ '음식'과 함께 어떤 장소를 가장 많이 언급할까?

출처: TrendUp

　다음으로 '카페', '학교', '호텔', '회사', '레스토랑' 등이 특정한 공간으로 언급되고 '주방'이 그다음으로 언급되고 있다. 이를 보면 이제 음식을 꼭 집에서 섭취해야 한다는 인식이 줄어들었다고 볼 수 있다.

　특히 카페는 주로 커피나 차를 판매하는 곳인데 이 커피나 차도 음식에 해당하므로 이 음식들이 언급되며 자연스럽게 카페라는 공간이 높은 언급 수를 나타냈던 것이다. 커피나 차에 대한 높은 관심도가 반영된 결과라고 할 수 있다.

　다음으로 음식과 관련해 많이 달리는 해시태그(#)에 대해서 알아보자.

▮ '음식'과 관련해 가장 많이 달리는 해시태그는?

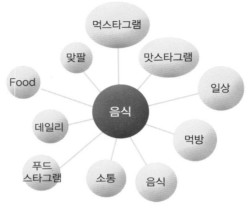

출처: TrendUp

　먼저 눈에 띄는 단어가 '먹스타그램', '맛스타그램'이다. 그 외에도 '푸드스타그램', '인스타푸드', '음식스타그램' 등 소셜미디어 서비스인 '인스타그램Instagram'에서 따온 용어가 여럿 발견된다.

　소셜미디어를 보면 음식을 먹기 전에 사진을 찍어 사람들과 공유하는 것이 유행이다. 숟가락으로 음식을 뜨기 전에 찍든 먹으면서 찍든, 음식이 들어간 사진은 인기가 많고 사람들은 이를 공유하며 즐거움을 느낀다. 인스타그램은 멋진 사진을 공유하는 서비스에 해당하므로 음식이 인스타그램과 관련되어 많은 해시태그가 덧붙는 이유가 있다.

해시태그에서 표현되는 단어도 음식의 섭취(먹스타그램), 음식의 맛(맛스타그램, 맛있다그램), 음식 그 자체(푸드 스타그램), 음식의 조리(요리스타그램) 등 음식에 대한 다양한 측면을 표현하고 있다. 이를 볼 때 사람들은 음식에 대해 다양한 모습을 사진에 담고 동시에 이를 짧게 표현하는 것을 즐기는 것이 분명하다.

음식이 이처럼 많은 즐거움을 주고 있다면 음식에 대해 긍정적인 표현으로는 무엇이 많이 언급될까? '좋아하는', '푸짐한', '맛있는', '달콤한' 등과 같이 음식에 대한 느낌을 설명할 때 등장하는 단어를 당연히 많이 언급한다. 한편 '유명한', '특별한', '필요한'과 같이 상품으로서 음식을 설명해 주는 단어도 보인다.

그런가 하면 '예쁜', '아름다운', '멋진'과 같이 음식에는 다소 어울리지 않아 보이는 언어도 등장한다. 음식은 섭취의 대상도 되지만 보고 즐기는 대상도 되어 가고 있는 것이다.

앞서 소셜미디어에서 사진으로 소개되는 음식이 인기를 끌듯이 음식은 꼭 먹는 대상으로만 확산되지 않는다. 사람들이 서로 공유하는 음식은 '예쁘고 아름답고 멋지다'는 표현이 붙을 만큼 관상용의 기능도 하고 있다는 것이다. 음식은 이제 후각이나 미각으로만 즐기는 대상이 아니다. 여러 감각으로 즐길 수 있는 대상이다. '예쁜', '아름다운', '멋진'

❚ '음식'과 함께 가장 많이 언급되는 긍정적인 말은?

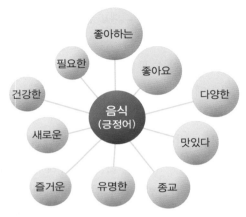

출처: TrendUp

외에도 '부드러운', '깔끔한', '저렴한'과 같은 단어가 등장하는 것을 보면 그렇다.

이렇게 음식에 대해 다양한 표현이 쏟아지는 데에는 다 이유가 있다. 바로 활자, 즉 책과 같은 미디어를 통해 음식과 관련한 다양한 표현을 접해 왔기 때문일 것이다.

구글이 개발한 검색 엔진 중에는 책에서 어떤 단어가 얼마나 많이 언급되었는지 보여 주는 '구글 북스 엔그램 뷰어 Google Books Ngram Viewer'라는 서비스가 있다. 여기에 'food', 'nutrition', 'cuisine', 'nourishment' 등 음식과 관련된 단어를 넣어 검색해 보면 food라는 단어가 등장한 수치가 시간

▌책에서 발견되는 음식 관련 단어들 추이

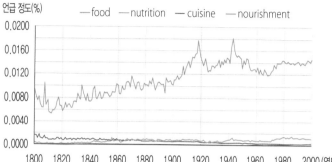

언급 정도(%) ——food ——nutrition —— cuisine —— nourishment

출처: Google Books Ngram Viewer

예민하게 반응할 준비가 되어 있다.

　최근 많은 음식이 상품화되며 여타 공산품과 똑같이 취급되다 보니 바람직하지 못한 현상도 생겨났다. 음식 상품의 판매율을 높이기 위해 과장된 광고를 하고 단가를 낮추기 위해 좋지 않은 재료를 쓰거나 이미지를 좋게 하려고 허위 영양정보를 만들어 내는 식이다.

　그러나 어떤 기업이든 이와 같은 방식으로 음식을 취급하는 한, 대중의 거센 저항에 직면한 수밖에 없다. 사람들은 음식 관련 이야기들을 수없이 많이 쏟아 내고 있고, 다양한 차원에서 음식을 바라보고 있다. 그만큼 음식과 관련해 긍정적이고 다채로운 표현이 쏟아진다는 것은 문제가 발로 많이 언급된다. 책에 나타난 기록이 축적되어 한 분야의 역사를 이룬다는 측면에서 보면 음식은 확실히 인간사에 중요한 사료로 존재하는 것이다. 즉 다른 무엇보다 음식은 사람들의 뇌리에서 중요하고 가치 있게 받아들여지는 것이 확인된다.

우리 삶에서 음식의 위치가 고정적인 것처럼 사람들의 말 속에서 음식은 자주, 그리고 다양한 차원으로 언급된다. 삶을 지탱하는 동력으로서 필수적으로 접해야 하고 매일 접해야 하는 것이 음식이기에 사람들은 이를 언급하는 데 노력을 아끼지 않는다. 이처럼 음식을 매우 중요하게 여기며 음식과 관련된 문제가 불거지면 큰 관심을 가지며 충분히 예민하게 반응할 준비가 되어 있다.

최근 많은 음식이 상품화되며 여타 공산품과 똑같이 취급되다 보니 바람직하지 못한 현상도 생겨났다. 음식 상품의 판매율을 높이기 위해 과장된 광고를 하고 단가를 낮추기 위해 좋지 않은 재료를 쓰거나 이미지를 좋게 하려고 허위 영양정보를 만들어 내는 식이다.

그러나 어떤 기업이든 이와 같은 방식으로 음식을 취급하는 한, 대중의 거센 저항에 직면한 수밖에 없다. 사람들은 음식 관련 이야기들을 수없이 많이 쏟아 내고 있고, 다양한 차원에서 음식을 바라보고 있다. 그만큼 음식과 관련해 긍정적이고 다채로운 표현이 쏟아진다는 것은 문제가 발생할 때 비판적인 표현도 폭증할 수 있다는 점을 의미한다. 따라서 일반 상품처럼 취급되는 상품화된 음식에 문제가 발생할 경우 이에 대한 사람들의 불만과 저항을 쉽게 막아 낼 방법은 없다.

음식은 인간의 삶, 그 자체에 해당하기에 사람들은 오늘도 음식에 많은 관심을 보인다. 그만큼 나날이 쏟아지는 먹을거리 상품은 예민하고 철저하게 모니터링되고 있다. 그래서 상품화된 음식에 좋은 이미지를 형성하려 많은 기업이 노력하지만, 이를 모니터링하고 평가하는 사람들의 입담도 무시할 수 없다.

사람들은 끊임없이 음식을 선택하면서, 이 과정의 언어와 표현에도 많이 신경을 쓴다. 음식이 우리 삶에 미치는 영향은 그 무엇보다 크다고 말해도 과언이 아니다.

음식은 이미 인간사의 중심이다.

'먹다', '마시다' 하면 생각나는 음식

음식을 섭취하려면 먹고 마시는 행위가 있어야 한다. 이 행위를 통해 음식물은 몸속에 들어와 소화되며 영양분을 공급하고 그 찌꺼기가 배설물로 나온다. 음식 상품이 다른 상품과 차별화되는 이유는 바로 이 먹고 마시는 행위가 수반되기 때문이다. 음식물을 먹고 마시는 행위는 우리 몸에 직접적인 영향을 미치고 생사를 결정지을 수 있을 만큼 중요하다. 그러니 음식 상품은 다른 상품에 비해 인간의 몸에 더 특별한 상품이 된다.

오늘날 아무리 오감으로 음식을 느끼는 시대가 왔다고 해도 음식은 혀끝으로만, 눈으로만, 귀로만, 코로만, 손끝으로만 느끼는 '물건'이 아니다. 음식은 사람의 몸으로 들어와 피와 살을 구성하는가 하면 오감의 기반을 만들어 내는 등 '나'라는 존재를 만드는 근원을 제공한다. 먹고 마시는 행위를 통해 음식이 내 몸 안으로 들어오면서 중요한 물건이 되는 것이다.

사람들이 유독 음식 선택에 신경을 쏟는 데엔 여러 가지 이유가 있겠지만 자기 몸에 들어갈 물건을 고르는 행위이므로 이 과정에 민감할 수밖에 없는 것이다.

은연중에 우리는 음식이 꼭 이로운 물질로 구성되어야 하며, 우리에게 해로운 영향을 미쳐서는 안 된다고 생각한다. 기본적으로 음식에 거는 기대감은 다른 물건이나 상품보다 월등히 높다. 음식은 나의 근원과 밀접하기 때문이다.

그렇다면 우리가 음식에 거는 기대감은 어떻게 표현되고 있을까? 이렇게 표현되는 기대감은 음식 선택에 어떠한 영향을 미칠까? 이를 살피다 보면 음식을 더 심층적으로 이해할 수 있을 것이다. 왜 우리는 특정한 음식을 선택했는지 그 행위의 이유를 좀 더 다면적으로 이해할 수 있을 것이다.

그럼 '먹다'와 '마시다'와 같이 음식 섭취 행위를 언급할 때 사람들이 무슨 이야기를 하는지 살펴보자.[7]

우선 '먹는다'라는 단어와 함께 언급되는 인물 관련 단어로 눈에 띄는 단어가 있다. 바로 '엄마'다. 사람이 태어나면 엄마 젖을 물고 생애를 시작하니 먹는 행위와 엄마가 연관

┃ 먹는 행위와 함께 언급되는 인물 관련 단어 top3

인물 관련 단어	언급 수
엄마	73,069
아빠	29,648
임산부	7,987

출처: TrendUp

되는 것은 당연해 보인다. 그래도 막상 먹는 행위에 관한 인물 관련 연관어로 엄마라는 단어를 발견하니 가슴이 찌릿해지는 감동이 느껴진다.

엄마라는 존재는 사람이 태어나자마자 젖을 물려 영양을 공급해 주며, 살아가는 동안에도 잘 먹고 살아가고 있는지 걱정해 주는 존재이기 때문이다. 그래서 사람들이 '먹는다'는 단어를 연상할 때 엄마가 집에서 해 주는 음식, 즉 집밥과 가정식 같은 음식과 함께 인물로 엄마를 떠올리기에 이런 결과가 나오는 듯하다.

또한 '먹다'에는 '먹을 수 있는 음식'이 함께 언급되기 마련인데, 이 먹을 수 있는 음식의 기준 중에는 '엄마가 해 준 음식'이 포함된다. 왠지 엄마가 만들어 준 음식은 그 자체로 건강식일 것 같고 보양식의 느낌도 준다. 맛도 있을 것 같지만 영양가도 높을 것 같다. 엄마는 좋은 음식만 주는 존재로 여겨지므로 '먹다'와 관련된 인물로 우선순위에 언급될 만하다.

엄마 이외에도 먹는 행위에 관한 인물 연관어를 살펴보면 '아빠'와 '임산부'가 발견된다. 이제 가정에서는 엄마와 아빠가 가사를 함께하는 추세이니 엄마 이외에 아빠도 먹을 것을 챙겨 주는 사람이 된다. 그러니 아빠가 아직 엄마만큼은 아니더라도 먹는 행위에 연관성이 높은 인물로 언급되기에 충분하다.

그다음으로 임산부가 나타나는 것도 고개가 끄덕여지는 대목이다. 사람을 여러 부류로 구분하면 먹는 데 가장 신경 써야 할 사람이 새 생명을 잉태한 임산부이므로, 이들이 먹는 행위는 단순히 즐기기 위한 섭취 행위가 아니다. 새 생명을 건사해야 하니 음식에 대한 관심도도 높아질 수밖에 없다. 임산부는 좋은 음식을 '많이' 먹고 '잘' 먹어야 할 사람이므로 이들과 먹는 행위를 연관 지어 이야기한 사람이 많다는 것이다.

그렇다면 실제 먹는 행위와 연관도가 높은 음식 관련 아이템에는 어떤 것이 많이 언급될까? 단어들을 유심히 살펴보자. '소스', '김치', '반찬' 등이 수위에 올라 있다. 이는 무엇을 말하는 것일까? 조금만 생각해 보자. 가정집이라면 소스, 김치, 반찬 등은 무엇을 먹든지 항상 구비되어 있는 아

▍먹는 행위와 함께 언급되는 음식 관련 아이템

아이템	언급수
소스	140,088
김치	107,464
반찬	97,237
샐러드	96,509
야채	92,143
치즈	90,601
맥주	78,431
튀김	78,143
커피	73,568
계란	70,803
간장	64,922
치킨	64,267
마늘	60,976
양파	60,680
감자	60,576
과일	59,424
닭	58,733
음료	58,439
고추	55,113
버섯	55,095
볶음밥	52,744
안주	52,645
기름	52,280
술	50,759
채소	50,742
소주	50,683
찌개	50,558
생선	49,241
된장	48,846
소금	48,679

출처: TrendUp

이템일 것이다. 그렇다면 수위에 있는 단어들은 음식의 실용성을 언급하는 것으로 유추할 수 있다.

특히 우리나라에서 김치는 무엇을 먹든지 함께 먹는 음식이니 맞으니 빠질 수 없다. 밥이나 라면뿐만 아니라 피자나 파스타 등의 양식을 먹을 때에도 김치를 찾는 사람이 많다. 따라서 먹는 행위와 연관하여 김치에 높은 관심을 보이는 게 당연하다.

소스도 마찬가지다. 식자재로 특정한 요리를 조리하거나 조리된 음식을 먹는 단계에서 필수적인 먹을거리이므로 사람들의 입에 자주 오르내리는 것이 당연하다.

김치나 소스가 언제나 구비해야 할 먹을거리라면 반찬은 조금 다르다. 요즘이야 반찬도 사 먹을 수 있는 먹을거리로 구분되지만 가사를 전담하는 사람에게 반찬은 직접 노동력을 투입해 만들어야 하는 것이었다. 만드는 것도 만드는 것이지만 매일 같은 반찬을 할 수도 없는 노릇이어서 항상 그 종류와 양을 관리해야 하는 먹을거리가 반찬이다.

그러니 집에서 밥을 먹는 사람이 "오늘 뭐 먹지?"라고 질문한다면 그 답으로 찾아야 하는 음식은 당연히 '반찬'이라는 것이다. 그래서 사람들은 '반찬'을 언급하며 반찬에 쓰일 만한 식자재도 많이 언급한다.

순위에서는 '맥주', '술', '소주'도 발견된다. 이른바 주류

▌'마시다'와 함께 언급되는 단어

출처: TrendUp

다. 역시 입 안에 넣는 행위에서 술이 빠질 수 없고 이 술과 함께 먹는 것이 '안주'이므로, 사람들은 술과 함께 안주도 많이 언급하고 있는 것을 확인할 수 있다.

따라서 술 소비량이 늘어날 때 안주 소비량도 늘어날 것은 자명하다. 그래서 술과 안주의 언급량은 서로 비례해 늘어나는 양상이다. 그리고 보면 여기서 나타나는 일부 음식은 안주의 식자재로 보아도 무방하다. 하긴 밥을 먹으며 반주라도 하면 반찬이 곧 안주가 되니까 그 말도 맞는 것 같다.

술 이야기가 나왔으니 자연스럽게 '마시다'라는 단어와 관련한 연관어를 살펴보자. 사람들은 마시는 행위를 정말 술과 많이 연관 지어 언급하고 있을까? 결과는 아니다. '마시다'에는 커피가 가장 많이 언급되는 단어로 나타난다.

커피는 이제 일상생활에서 주식으로 여겨질 만큼 많이 마시는 음식이므로 술을 이길 만하다. 술을 마시는 행위는 주로 저녁 시간대에 많이 일어나지만, 커피는 아침부터 저녁까지 하루 중 마시는 시간대도 다양하다. 자연스레 사람들은 시도 때도 없이 커피를 언급하고 마시는 대상으로 커피를 가장 먼저 꼽는다.

하지만 커피 이외에는 술과 관련한 단어가 많이 보인다. '술', '맥주', '소주', '안주' 등 먹는 행위와 연관되어 발견되었던 술 관련 단어가 마시는 행위와도 연관되어 등장한다. 그런가 하면 '혼자', '분위기' 같은 단어도 그 안의 내용을 들여다보면 술과 연관되어 있는 경우가 많다.

요즘은 '혼술'의 시대이므로 혼자 술을 마시며 '분위기'를 잡는 사람들이 이러한 연관어를 생산해 내고 있다고 할 수 있다. 이렇듯 마시는 행위와 관련하여 사람들은 커피에 대한 언급을 가장 많이 하나 이슈의 다양성 측면에서는 술도 그에 못지않게 많이 언급되고 있다.

먹는 행위와 마찬가지로 마시는 행위에도 '엄마'가 또 등장한다. 먹는 행위든 마시는 행위든 음식 섭취에 엄마라는 존재는 항시 등장하는 인물 관련 키워드인 것이다.

술과 커피를 제외하면 음료의 아이템으로는 '우유'가 유일하게 눈에 띄는 단어다. 우유는 커피나 술과 달리 건강에 미치는 영향에 대해 논란이 적은 아이템이다.

물론 앞서 소개한 바대로* 최근 우유가 정말 몸에 좋은 음식물인가에 대한 논란은 있다. 그러나 아직까지 대체로 많은 사람이 우유는 몸에 좋은 음식이며 성장기에 필요한 음식이라고 받아들인다. 따라서 마시는 행위와 함께 등장하는 건강식의 '마실 것' 아이템으로는 우유가 대표적으로 등장하는 음료라고 봐도 될 것이다.

그럼 좀 더 구체적으로 사람들은 마시는 행위와 연관 지어 어떠한 음식 아이템을 떠올리는지 살펴보자. 순위가 아래로 내려갈수록 커피와 술의 종류별 아이템이 등장하고 우유, 혹은 주스 같은 음료의 식자재가 연관어로 등장한다.

커피 중에 가장 많이 언급되는 아이템은 단연 '아메리카노'이고, 그다음은 '라테'다. 테이크아웃 커피전문점에서 주로 주문되는 대표적인 커피 아이템이 주요 연관어로 등장하고 있는 것이다.

술과 관련해서는 맥주와 소주에 이어서 '와인', '막걸리' 등의 주류가 주요 연관어로 등장한다. 맥주는 누구나 즐길

---

* 이 책의 "유명인과 먹을거리: 늘씬한 그녀가 먹는 우유의 비밀" 파트를 참고

▌마시는 행위와 함께 언급되는 음식 관련 아이템

아이템	언급수
커피	75,151
술	56,798
맥주	49,105
음식	32,379
소주	26,496
음료	25,815
안주	20,882
우유	16,591
와인	15,809
과일	15,395
치즈	13,727
아메리카노	13,143
라테	13,069
사과	10,012
레몬	9,833
소금	9,383
야채	9,042
설탕	8,942
녹차	8,698
치킨	8,667
콜라	8,408
샐러리	8,358
음료	8,263
막걸리	8,245
계란	8,177
기름	7,936
감자	7,881
닭	7,444
딸기	6,997
초콜릿	6,986

출처: TrendUp

수 있고 소주는 우리나라 사람이 즐기는 대표적인 술이라 그렇다 쳐도, 와인이 막걸리보다 훨씬 높은 언급량을 보이는 부분은 특별해 보인다. 오늘날 사람들이 어떤 술에 더 관심을 가지고 있는지 보여 주니 말이다.

이처럼 사람들이 먹고 마시는 행위와 함께 언급하는 단어를 살펴보면 세상이 어떻게 바뀌고 있는지 그 흐름을 유추해 볼 수 있다.

우리나라에서 먹거나 마신다고 하면 당연히 '쌀밥'이나 '술'을 가장 먼저 연상하는 비율이 압도적으로 높았던 시대와 세대가 존재한다. 그러나 이제 우리 사회는 밥만 먹는 대상으로 삼지 않고 술만 마시는 대상으로 보지도 않는다. 그만큼 세상이 변하고 있다.

국내 한 포털사이트에서 '먹다'라는 단어를 검색해 보면 블로그에서만 지난 3년간 180만 건 이상이 언급되었음을 확인할 수 있다.[8] 이는 하루에 '먹다'가 포함된 글이 무려 1600여 건 이상 쓰여져 3년 동안 쌓여야 가능한 숫자다. 블로그는 일상적인 이야기가 많이 담기는 공간임을 감안하면, 사람들은 일상생활에서 먹는 행위에 참 관심이 많다는 점을 다시 한 번 확인할 수 있다.

흔히 우리 일상생활 속에서 먹는 것, 마시는 것이라고 하면 '주식主食' 위주로 생각할 것 같고 한식 위주로 생각할 것 같기도 하다. 하지만 정작 사람들이 먹는 행위와 마시는 행위를 언급하는 양상을 보면 다양한 음식물에 대해 논의하면서 그 안에서 다양한 사회적 가치를 표현하고 있다.

먹는 것과 마시는 것이 단순한 음식섭취 행위가 아닌 이유는 여기에 있다. 꼭 배가 고파서 혹은 목이 말라서 음식물을 섭취하는 것이 아니다. 우리는 혼자 분위기를 잡고 싶어서, 엄마가 해 준 음식이 생각나서, 밥과 반찬을 먹다 보니 술 한 잔이 생각나서, 그래서 음식을 찾아 먹고 마시는 경우도 많다.

이처럼 우리가 음식에 거는 기대감은 단순히 위를 채우기 위해서가 아닌, 감정을 채우기 위함도 있다. 생물학적 욕구보다 정신적 욕구를 채우기 위해 음식을 먹는 것이다.

음식을 선택할 때에 온 신경을 집중시키는 이유도 음식물이 우리 몸에 미칠 수 있는 건강 관련 이슈들 때문만은 아니다. 먹는 행위와 마시는 행위의 그 과정 자체를 즐기기 위함이다. 그래서 우리는 음식을 선택할 때 몸에 이로운 음식을 선택하기도 하지만 지금의 상황과 분위기에 꼭 맞는 음식을 선호하기도 한다. 오늘도 우리는 음식에 많은 기대를 건다. 먹고 마시는 것 이외에도.

일상이 된 커피, 그리고 우리의 자화상

앞에서는 음식이 우리의 일상에서 중요하다는 점을 전제로 하여 특정한 음식을 선택하는 원인을 밝히는 데 초점을 맞춰 봤다. 지금부터는 음식을 고르고 섭취할 때 맛이나 영양이 꼭 1순위로 고려되지 않는다는 점을 여실히 보여 주는 사례를 만나 보자.

바로 앞에서 언급한 바 있는 커피다. 커피는 엄밀히 말해 우리나라에서 전통적으로 즐겨 마신 음료도 아니고 끼니로 때울 만큼 영양소가 풍부한 음식도 아니다. 그런데 우리는 이제 밥을 먹으면 커피를 마셔야 하는 습관을 정착시키며 살아가고 있다.

이미 우리나라 성인 한 명은 커피를 하루에 평균 한 잔

이상 마시는 것으로 나타나며 음식 항목별로 구분할 때 이 섭취의 빈도가 배추김치나 잡곡밥, 쌀밥, 우유보다도 많은 것으로 나타난다. 이는 벌써 몇 년째 계속되는 양상이다.[9] 사람들이 김치나 밥, 혹은 우유보다도 커피를 더 많이 섭취한다고 하면, 더 이상 커피는 끼니 이후에 덧붙이는 간식으로만 여겨질 수 없다.

국내에 커피전문점이 우후죽순 생기고 이들 커피전문점을 중심으로 너무나 다양한 커피 메뉴가 또 생겨나면서 우리 사회가 커피를 받아들이는 태도는 많이 바뀌고 있다. 실제로 지난 3년간 커피를 언급한 숫자만 봐도 2,860만 건 이상이다.[10] 하루 2만 6,000건 이상 언급된 것이다. 실로 엄청나게 많은 사람이 끊임없이 커피에 대해 말하고 있다.

국내 포털에서도 최근 몇 년 사이에 커피와 관련한 언급량이 급격하게 증가했다. 사람들은 커피에 대해 뉴스며 블로그며 카페며 소셜미디어 등 다양한 공간에서 이야기하고 있는 것이다. 최근에 커피전문점이 늘어나는 만큼 이러한 숫자는 더욱 증가세를 보이고 있다. 한편으로 커피 관련 광고가 그만큼 늘어난 것일 수 있고, 이 광고에 반응하는 이용자가 함께 늘어나고 있다고 볼 수도 있겠다.

기간을 좀 더 늘려 2004년부터 2019년까지 약 15년간 구글에서 커피와 관련된 관심도는 어떻게 나타나는지 그 추

▌커피 언급 회수 추이(2015~2018)

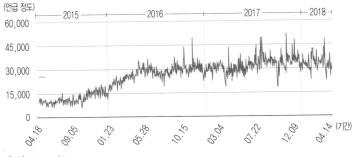

출처: TrendUp

▌'커피'에 대한 관심도 추이(2004~2019)

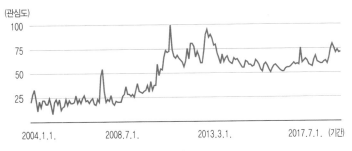

출처: Google Trends(Google Trends: 커피).

이를 살펴보자. 마찬가지로 지속적인 성장세가 보인다. 특히 2010년대에 들어서 기존과 전혀 다른 규모로 커피에 대한 관심도가 폭증하는 추세다. 또한 최근에는 이러한 수치가 안정적으로 유지되고 있다. 〈커피에 대한 관심도 추이〉

그래프에 나타나는 것처럼 사람들은 커피에 대해 많이 검색하고 그 내용을 많은 사람들과 공유도 한다.

커피가 이처럼 오랫동안 많이 언급되는 이유는 커피와 함께 언급되는 시간 관련 연관어를 보면 조금은 이해할 수 있다.[11]

바로 커피와 함께 가장 많이 언급되는 시간 관련 연관어가 '아침'이기 때문이다. '모닝커피'가 직장인이 하루를 시작하는 인사처럼 되어 버렸듯이, 아침은 커피와 매우 연관성이 높은 단어로 검색된다. 커피 하면 아침이 생각나니 사람들은 커피 이야기로 하루를 시작하고 있다고 봐도 된다.

❙ 마시는 행위와 함께 언급되는 단어

출처: TrendUp

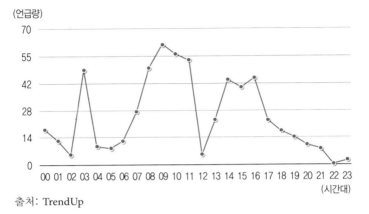

(언급량)

출처: TrendUp

커피를 가장 많이 언급하는 시간대는 언제인지 좀 더 자세히 살펴보자. 사람들이 커피를 많이 언급하는 시간대는 새벽 3시, 이후에는 오전 6시부터 상승하여 9시에 가장 많이 언급하는 경향을 보인다. 점심시간 이후에도 한 차례 언급량이 급증한다. 이러한 시간대별 커피 관련 언급량의 변화는 직장인이 집중력이 필요하거나 동료와 친교를 위한 시간대에 커피를 마신다는 뜻으로 해석되기도 한다.[12]

하지만 커피에 관한 언급량의 횟수나 지속되는 정도를 보면, 커피가 휴식 시간과 관련성이 높다는 점이 확인된다. 상대적으로 사람들에게 여유가 있는 시간대이거나 사람들의 활동이 왕성한 시간대에 커피 관련 언급량이 늘어나고 있다.

즉 하루 중 눈을 뜨고 있는 시간대 중에서도 활동력이 좋은 시간에 커피를 많이 언급하고, 밥을 먹는 시간대 이외에 커피를 언급하는 빈도가 높아진다는 것이다.

다만 정오인 12시는 사람들이 일반적으로 점심을 먹는 시간대인데, 이 시간대에 커피 언급량은 급격히 줄어든다. 커피가 끼니의 완벽한 대용이 되기는 어렵다는 점을 보여준다. 커피가 아무리 김치나 밥, 우유보다 더 먹는 빈도가 높다고 해도, 이들 음식처럼 끼니를 대체할 만한 음식은 아니라는 것이다.

어찌 보면 커피로 끼니를 때울 수는 없으니 그 섭취 빈도가 더 높을 수도 있겠다. 만일 커피가 끼니를 대체할 수 있을 만큼 포만감이 느껴지는 음식이라면 사람들이 자주 먹지도 못할 것이니 말이다.

이와 같은 결과를 통해 사람들이 많이 언급하는 시간대에 커피를 자주 마신다고 가정한다면, 건강의 측면에서는 그리 좋은 선택으로 보이지는 않는다. 건강을 생각한다면 커피를 마시는 데 가장 좋은 시간대는 오히려 오전 9시 30분에서부터 11시 30분 사이라는 의견이 있으니 말이다.[13]

인체에는 코르티솔cortisol이라는 것이 있는데, 이 코르티솔은 스트레스를 억제하기 위해 몸의 혈액을 더 많이 돌게 한다. 코르티솔이 하루 중 가장 활발한 시간대가 오전 8시에서 오전 9시 사이인데, 이 시간대에는 코르티솔이 활발하여 몸의 호흡과 맥박이 빨라진다. 따라서 이때 커피를 마시면 더욱 몸이 자극을 받아서 두통까지 느낄 수 있다고 한다.

그러므로 커피를 마시기 가장 좋은 시간대는 아침에 일어나서 시간이 조금 흐른 후의 시간대가 알맞다는 것이다. 물론 사람마다 신체리듬이 다르니 다소 차이는 있을 것이다.

전문가의 이런 조언을 봐도, 카페인 각성제인 커피를 아침부터 마시는 일은 건강을 위한 합리적인 행동으로 보이지는 않는다. 몸에 무리를 줄 수 있고 그렇다고 특별히 좋은 영양을 공급하는 것도 아니니 말이다.

그럼에도 오늘날의 커피는 우리의 삶과 밀착해 있다. 사람들은 끼니의 종류는 매번 바꿔 가며 먹어도 커피의 종류는 자신이 선호하는 그 종류로 지속해 즐기길 원한다.

커피가 우리나라 사람들에게 밥보다 더 많이 선택되는 음식이라는 점은 음식의 선택 메커니즘 차원에서도 매우 중요한 문제다. 끼니가 될 수 없거니와 특별히 몸에 좋은 점이 확증되지도 않은 커피를 우리는 습관처럼 마셔대기 때문이다.

오늘날 '커피' 하면 떠오르는 이미지는 고급스러운 것이 사실이다. 이제 밥 먹고 난 후에 커피를 마시는 것이 음식 문화의 패턴으로 고착되고 있다. 우리는 알게 모르게 커피의 이미지를 좋게 보는 경향이 있고 습관처럼 커피를 마시고 있다. 이 습관이 매개된 우리의 행동은 이제 하나의 문화가 되는 중이다.

우리는 "커피나 한잔 할까?"를 은연중에 읊조린다. 밥먹고 커피를 마시지 않으면 서운해 하기도 한다. 거대한 빅데이터에서 발견할 수 있듯이 우리는 커피라는 단어를 말로뱉음과 동시에 섭취하고 있는 것이다. 음식에 대해 떠올리는 긍정적인 이미지와 무의식중에 형성된 음식 섭취 습관이결합되면, 이처럼 놀라운 음식문화가 생겨나는 것이다. 커피를 밥보다 많이 먹다니!

앞으로도 먹고 싶은 것을 마음대로 먹을 수 있을까?

내가 먹는 음식이 아닌, 사회적 구성물로서 음식에 대해 관심을 둔 것은 그리 오래되지 않았다. 세분화된 전공을 위한 공부를 시작하면서부터다.

인생사가 모두 공부겠지만 대학 졸업 이후 석사 이상의 과정을 공부하는 일은 관심 학문을 좀 더 세부적으로 공부해 보고 싶은 욕구에서부터 시작한다. 이렇게 기능적으로 지적 욕구를 위해 시작된 공부는, 결국에는 알고 싶은 분야에 이제껏 축적된 좀 더 본질적인 지식을 얻고 이를 이해하는 일로 귀결되기 마련이다. 그래서 전공자라고 하면 여러 가지 지식을 많이 아는 것보다 특화된 영역의 지식을 깊게 알고 그 근본적인 내용을 이해하는 사람을 말한다.

어떤 인문·사회과학 학문 영역이든 마찬가지겠지만 인

간과 사회에 대한 기본적인 이해 없이는 기존에 이뤄진 연구 내용을 빠르고 효율적으로 습득하기 힘들고 새로운 이론을 만들거나 이를 적용하기도 어렵다. 인간이 사회를 구성하는 단위라면, 이 단위들이 어떻게 사회를 구성하고 영향을 미치는 것인지, 또한 어떻게 새로운 현상을 만들어 내고 있는지 등. 이를 공부하는 것이 인문·사회과학 학문 영역의 목적이라면 더 그렇다. 따라서 인문·사회과학 영역에서 어떤 주제를 심층적으로 공부하기 위해서는 일단 일반적인 인간사에 대한 총체적인 이해가 뒷받침되어야 한다.

커뮤니케이션과 미디어를 다루는 학문 영역에서도 이는 중요하다. 일단 인간이 기본적으로 어떻게 말하고 행동하는지 그 표면에 드러난 기초적인 생활양식을 이해해야 좋은 연구를 수행할 수 있고 지식도 빨리 습득할 수 있다는 것이다. 일상적인 생활양식의 규칙들 속에서 어떠한 불규칙이 일어나는지 예리하게 지적하고 그 이유를 살펴보는 것이 좋은 연구라고 한다면, 불규칙을 발견하기 위해 규칙성에 대한 이해가 선행되어야 하는 것은 당연한 일일 것이다.

이 지점에서 음식이 나에게 연구의 소재로 다가왔다. 바로 인간 생활의 무한 반복적인 음식 섭취라는 행위, 이 음식 섭취라는 규칙성은 인간사를 지탱하는 매우 기초적인 한 축이기에 이 규칙성을 구성하는 커뮤니케이션, 미디어 현상을 다루는 것도 의미 있는 작업이라고 판단했다.

우리는 '하루 세끼'라는, 누구나 지켜야 할 것 같은 규칙성에 기대어 음식을 섭취한다. 여기서는 먼저 음식 선택이 있어야 하는데 이 과정에서 다양한 요인이 개입한다. 사람들의 입소문, 어디에서 시작되었는지 알 수 없는 신화, 미디어에 소개되는 광고, 혹은 재미있는 이야기나 친근한 캐릭터까지! 우리가 특정한 음식을 선택하는 데 개입하는 요소들은 이처럼 다양하다. 누군가의 선택 행위를 설득한다는 측면에서 커뮤니케이션 요소와 미디어 기술이 매개된다. 하루 세끼의 음식을 선택하는 그 맹목적인 규칙성 안에서 끊임없이 커뮤니케이션과 미디어가 개입하고 있는 것이다.

이 책을 통해 하고 싶은 이야기는 바로 이것이다. 우리는 우리가 먹고 싶은 것을, 혹은 먹어야 할 것을 먹지 못할 수 있다는 것이다.

사람은 삶을 위한 에너지원으로 꾸준히 음식을 섭취하고, 이 음식은 자기 의지대로 선택한다고 믿는 경향이 있다. 적어도 이 시대의 민주화된 자유경제 체제하에서 사는 이들은 자기 형편 안에서 자신이 먹고 싶은 것을 선택해 먹고 있다고 믿는다. 떠돌아다니는 수많은 정보와 이미지는 자신의 선택을 '살짝' 돕는 정도일 따름이라고 생각한다.

그러나 과연 그러한가 하고 물었을 때 이 책을 선택하고 읽은 독자의 답은 어떨까? 특히 수많은 커뮤니케이션 활동과 미디어 기술의 영향 속에서 나와 타인의 연결 공간이 점점 확대되는 요즘에는 말이다.

이제는 혼자 먹고 마신다고 해도, 매일 먹는 음식 선택의 과정에서 누군가 만들어 놓은 커뮤니케이션 환경과 미디어 기술에 영향을 받을 수밖에 없다.

**

음식은 사람이 태어나서 죽을 때까지 살아 있는 동안 규칙적으로 섭취해야 하는 것이다. 그러므로 이를 선택하는 데 섭취하는 자의 의지가 완벽히 작용되어야 하는 것이 당연하다.

하지만 실제로는 알게 모르게 무언가의 영향을 받아 음식을 선택하고, 이렇게 선택한 음식을 전혀 의심하지 않은 채 영양이 풍부하고 맛도 좋다고 믿어 버린다. 문제는 음식 선택을 스스로 하지 못하는 것이 아니라, 이 선택에 개개인의 자유의지가 작용했다고 믿는 데 있다.

이 책을 읽고 난 독자는 꼭 내가 먹고 싶은 것을 스스로 선택해 왔는지 한 번쯤 의심해 보길 바란다. 만일 평소 선택한 음식이 실제 맛있지 않으며 몸에도 좋지 않고 그다지

내가 좋아할 만한 음식이 아니었다면, 즉 내가 누군가에게 설득되어 선택한 음식에 불과했다면 이는 정말 억울한 일이 아닌가!

이렇게 적은 필자로서도 앞으로 먹고 싶은 것을 온전히, 나만의 선택으로 먹으며 살 수 있을지 의구심이 든다.

미래에는 정보를 더 손쉽게 얻을 수 있고, 그 정보만 보고 상품을 구매하는 환경으로 변화해 갈 것이다.

이러한 환경에서 나는 정말 모든 것을 원하는 만큼 스스로 선택하고 있다는, 그 자만심을 억누르며 살아갈 수 있을까? 사실 자신이 없다. 아마도 내가 품을 들여 선택한 정보에 대해서는 나 스스로 가치 있는 정보를 찾았다고 믿을 것이며, 인터넷 웹이나 스마트폰 앱에서 제공해 주는 정보를 취할 때에도 내 자유 의지가 작용했다고 쉽게 판단할 가능성도 있다. 알고 보면 실제 누군가 무차별적으로 뿌린 정보일 수 있을 텐데도 말이다.

그렇기에 우리는 노력해야 할 것이다.

더 기발하고 무차별적인 커뮤니케이션과 미디어 전략들이 난무한다고 해도 음식 본연의 맛과 영양을 잊지 않고 음식을 선택하는 데 노력을 게을리하지는 말아야 한다. 음식이야말로 인간 개인의 정신과 육체에 큰 영향을 미칠 수 있는 요인이기 때문에 그렇다.

음식 섭취는 인간사에 몇 안 되는 규칙성을 보여 주는 행위다. 그런데 오랫동안 유지되던 이 규칙성 안에서 여러 가지 불규칙한 현상이 일어나고 있다. 세 끼가 두 끼가 되고, 주로 한식이던 끼니가 양식으로 바뀌고 있으며, 쌀보다 커피를 더 규칙적으로 섭취하는 현상이 그것이다.

이처럼 언제나 일정한 패턴을 보일 것 같았던 음식 섭취, 혹은 음식 선택의 불규칙성은 이미 지속적으로 나타나고 있다. 우리는 이제 이 불규칙성이 정말 옳은 것인지 아닌지, 혹은 나 자신이나 사회에 유익한지 아닌지에 대해 판단할 안목을 키워야 한다.

자유 의지대로 음식을 선택하지 못하고 있는 그 현상이 문제의 본질은 아니다.

거듭 말하지만, 정작 문제는 우리가 자유 의지대로 음식을 선택하고 있다고 스스로 믿는 그 현상, 이에 대해 어떠한 의심도 하지 않는다는 점이 큰 문제다.

이제부터는 우리가 규칙적으로 취하는 음식 선택의 행위, 그 이면에서 피어오르는 불규칙성들에 대해 자그마한 의심을 품어 보는 것이 어떨까. 과연 나는 내 마음대로 음식을 선택하고 있는 것일까?

Part 1

1 Girard, R.(1961). *Mensonge romantique et verité romanesque*. Bernard Grasset; 김치수 옮김(2001). 《낭만적 거짓과 소설적 진실》. 한길사.

2 한국방송광고진흥공사(2017). 〈소비자행태조사 보고서〉.

3 문화체육관광부(2018). 〈2018 광고산업통계조사〉.

4 위키트리(2018). "아이돌 다이어트 위해 임신 호르몬 주사까지 맞아"(2018년 1월 9일 자). http://www.wikitree.co.kr/.

5 《풍문으로 들었쇼》(2018). "아이돌의 모든 것", 채널A(2018년 1월 8일 자 방영).

6 Bragg, M. A., Miller, A. N., Elizee J., Dighe, S. & Elbel, B. D. (2016). Popular Music Celebrity Endorsements in Food and Nonalcoholic Beverage Marketing, *PEDIATRICS*, 138(1).

7 Statista(2018). Leading food related brands advertised on TV in the United States in 4th quarter 2017, by number of ad occurrences, https://www.statista.com/statistics/728457/most-advertised-foods-brands-on-tv-ad-count.

8 *Daily Mail*(2017). Junk food companies' advertising budget is 27 TIMES bigger than cash the government uses to promote healthy eating(2017. 10. 11).

9 이민훈 외(2007). 〈2007년 10大 히트상품〉. 삼성경제연구소.

10 두산백과/네이버: 옥수수수염차, http://terms.naver.com/entry.nhn
    ?docId = 1224665&cid = 40942&categoryId = 32816.

11 한국농수산식품유통공사 식품산업통계정보(https://www.atfis.or.kr/),
    품목별 POS 소매점 매출액.

12 국민일보(2011). "매일유업, 새로운 김연아 광고 시작"(2011년 6월 2일 자).

13 Harris, M.(1987). *The Sacred Cow and the Abominable Pig: Riddles of
    Food and Culture*. Touchstone Books; 서진영 옮김(1992). 《음식문화의
    수수께끼》. 한길사.

14 Michaelsson, K., Wolk, A., Langenskiold, S. & Basu, S.(2014).
    Milk intake and risk of mortality and fractures in women and men:
    cohort studies. *BMJ*, 349.

15 《뉴스룸》(2018). "[팩트체크] 하루 우유 세 잔 이상, 사망 위험 높인다?",
    JTBC(2018년 11월 3일 자 방영).

16 최연진(2012). "우유 먹던 김연아, 이제 맥주 마신다", 《조선비즈》(2012년
    3월 22일 자).

Part 2

1 우상욱(2014). "'별그대' 전지현 한 마디에… 中 뒤흔든 '치맥' 열풍",
   《SBS 뉴스》(2014년 2월 28일 자).

2 이혜인(2014). "'전지현이 먹던 '치맥' 주세요' 홍콩은 지금 '음식 한류'
   열풍", 《경향신문》(2014년 8월 21일 자).

3 조희진(2016). "한류, 아시아의 신흥강국 베트남을 매혹하다", 《만들이》
   (가을호).

4 김유경(2014). "태국에서 발견한 한식의 무한한 가능성", 《컬쳐엠매거
   진》(2014년 9월 16일 자), http://culturemmag.com/.

5   Wikipedia: Narrative. http://en.wikipedia.org/wiki/Narrative.

6   Harari, Y. N.(2015). *Sapiens: A Brief History of Humankind*. Harper.

7   Bell, J. S.(2004). *Plot & Structure: Techniques and Exercises for Crafting a Plot That Grips Readers from Start to Finish*. Writer's Digest Books; 김진아 옮김(2010). 《소설쓰기의 모든 것: Part 01 플롯과 구조》. 다른.

8   Wikipedia: Saint Nicholas. http://en.wikipedia.org/wiki/Saint_Nicholas.

9   Atlantic Production(2004). The real face of Santa. http://www.atlanticproductions.tv/productions/specials/the-real-face-of-santa.

10 St. Nicholas Center. http://www.stnicholascenter.org/pages/realface/.

11 http://www.coca-colacompany.com. 이 웹페이지에서는 코카콜라의 광고, 이미지, 역사 등을 살펴볼 수 있다.

12 http://www.whiterocking.org/santa.html/.

13 Forbes(2019). The World's Most Valuable Brands. https://www.forbes.com/powerful-brands/list.

14 두산백과/네이버: 엿. http://terms.naver.com/entry.nhn?docId=1127061&cid=40942&categoryId=32130.

15 박태균(2009). "'기적의 사과' 농법으로 세계적 스타 농부 된 기무라", 《중앙일보》(2009년 12월 1일 자).

16 최화진(2014). "스티브 잡스 닮은 '이야기꾼' 인재 길러요", 《한겨레》(2014년 11월 3일 자).

17 김동묵(2014). "발상의 전환이 '대박 상품' 만든다", 《뉴데일리 경제》(2014년 11월 17일 자).

18 Hawkins & Mothersbaugh(2010). *Consumer Behavior: Building Marketing Strategy*(Eleventh Edition). McGRAW-HILL INTERNATIONAL

EDITION.

19 FAOSTAT. http://www.fao.org/faostat/en/#data/QC/visualize.

20 Wikipedia: apple. http://en.wikipedia.org/wiki/Apple.

21 위키백과: 사과. http://ko.wikipedia.org/wiki/사과.

22 농림축산식품부(2017). "우리나라 성인 1인당 연간 커피 소비량 377잔"
    (2017년 5월 25일 자 보도자료).

23 Julie, R.(2017). "이탈리아에서 카푸치노나 라떼를 오후에 시키면 안 되
    는 이유", 《허핑턴포스트》(2017년 8월 9일 자). https://www.huffington-
    post.kr/.

24 두산백과/네이버: 카푸치노. http://terms.naver.com/entry.nhn?doc
    Id=1233477&cid=40942&categoryId=32127.

25 Statista(2017). Europe and North America's Top Coffee-Drinking
    Nations(2017. 3. 21). https://www.statista.com/chart/8602/topcoffee-
    drinking-nations/.

26 Ciolfe, T.(2017). Canada's coffee addiction in one chart. MACLEANS
    (2017. 10. 1). http://www.macleans.ca/.

27 Beardsworth, A. & Keil, T.(1997). Sociology on the menu: An invitation
    to the study of food and society. Routledge.

28 Visser, M.(1993). The Rituals of Dinner: The Origins, Evolution,
    Eccentricities, and Meaning of Table Manners. Penguin.

29 FAO(2015). Alcohol consumption total.

30 트렌드모니터(2016). 〈2016 주류 음용 패턴 및 음주 문화 관련 조사〉.
    엠브레인. https://trendmonitor.co.kr/tmweb/trend/allTrend/detail.
    do?bIdx=1531&code=0301&trendType=CKOREA.

31 유수정(2016). "혼술 즐기는 미혼남녀가 뽑은 최고의 '혼술 장소'는?",

《이데일리》(2016년 8월 25일 자).

Part 3

1 세계 음식명 백과/네이버: 우동, https://terms.naver.com/entry.nhn ?docId=2094369&cid=42717&categoryId=42718.

2 Elliott, S.(1996). The Media Business: Advertising; Disney and McDonald's as Double Feature. *The New York Times*(1996. 5. 24).

3 Abramowitz, R.(2006). Disney Loses Its Appetite for Happy Meal Tie-Ins. *Los Angeles Times*(2006. 5. 8).

4 Bach, N.(2018). McDonald's Happy Meals Are Renewing an Old Friendship With Disney. *Fortune*(2018. 2. 28).

5 The Walt Disney Company: Nutrition Guidelines, https://www.thewaltdisneycompany.com/wp-content/uploads/Nutrition-Guidelines.pdf.

6 Statista(2019). Brand value of the 10 most valuable fast food brands worldwide in 2018(in million U.S. dollars), https://www.statista.com/statistics/273057/value-of-the-most-valuable-fast-foodbrands-worldwide.

7 이석원(2015). "미키마우스와 저작권史", 《테크홀릭》(2015년 6월 30일 자), http://www.techholic.co.kr/news/articleView.html?idxno=34838.

8 Wikipedia: Copyright Term Extension Act, https://en.wikipedia.org/wiki/Copyright_Term_Extension_Act.

9 Carlisle, S.(2014). Mickey's Headed to the Public Domain! But Will He Go Quietly?(2014. 10. 17) http://copyright.nova.edu/mickeypublic-

domain.

10 Wikipedia: Popeye, https://en.wikipedia.org/wiki/Popeye.

11 Gabbatt, A.(2009). E.C. Segar, Popeye's creator, celebrated with a Google doodle, *The Guardian*(2009. 10. 8).

12 Hamblin, T. J.(1981). Fake!, *British Medical Journal*, 283, pp. 19~26.

13 Sutton, M.(2010). Spinach, Iron And Popeye: Ironic lessons from biochemistry and history on the importance of healthy eating, healthy scepticism and adequate citation, *Internet Journal of Criminology*, https://docs.wixstatic.com/ugd/b93dd4_1fe4a4c3e8244 4d1986c4ef560a91e28.pdf.

14 박명윤·이건순·박선주(2010). 《파워푸드 슈퍼푸드: 알고 먹으면 약 모르고 먹으면 독》. 푸른행복.

15 Food and Agriculture Organization of the United Nations: Production/Yield quantities of Spinach in United States of America, http://www.fao.org/faostat/en/#data/QC/visualize.

16 https://www.kelloggs.com/en_US/who-we-are/our-history.html.

17 Wikipedia: Corn flakes, https://en.wikipedia.org/wiki/Corn_ flakes.

18 http://www.fundinguniverse.com/company-histories/kellogg-company-history.

19 Kellogg Worldwide Marketing & Communications Guidelines, https://www.kelloggcompany.com/content/dam/kelloggcompanyus/ corporate_responsibility/pdf/2015/WWmarketingcommunications_ Guidelines.pdf.

20 Wikipedia: Curse of the Colonel, https://en.wikipedia.org/wiki/

Curse_of_the_Colonel.

21 Wikipedia: Colonel Sanders, https://en.wikipedia.org/wiki/Curse_of_the_Colonel.

22 최은영(2010). 《켄터키 할아버지 커넬 샌더스의 1008번의 실패 1009번째의 성공》. 넥서스BIZ.

23 강일용(2018). "[CEO 열전: 커넬 샌더스] 실패는 있어도 포기는 없다…1008번 거절 끝에 KFC를 세우다", 《IT동아》(2018년 3월 19일 자), http://it.donga.com/27522/.

24 세계 브랜드 백과/네이버: KFC, https://terms.naver.com/entry.nhn?docId=2697883&cid=43168&categoryId=43168.

25 Kessler, V.(2012). Pictures: Colored Honey Made by Candy-Eating French Bees, *National Geographic*(2012. 10. 13), https://www.nationalgeographic.com/.

26 국립수목원 국가생물종지식정보/네이버: 재래꿀벌, https://terms.naver.com/entry.nhn?docId=3593697&cid=46683&categoryId=46691.

27 M&M's Timeline, http://mms.new-media-release.com/75th_anniversary/downloads/MMs_Timeline_FINAL.pdf.

28 Bellis, M.(2017). Forest Mars & the History of M & Ms Candies, *ThoughtCo*(2017. 7. 14), https://www.thoughtco.com/history-of-mand-ms-chocolate-1992159.

29 Serena, K.(2017). The History Of M&M's Isn't As Sweet As You Think It Is, *ati*(2017. 12. 21), http://allthatsinteresting.com/mmshistory/.

30 O'Reilly, L.(2016). How 6 colorful characters propelled M&M's to

become America's favorite candy, *Business Insider*(2016. 5. 26), http://www.businessinsider.com/the-story-of-the-mms-characters-2016-3.

Part 4

1 Catells, M.(2004). *The Network Society: A Cross-Cultural Perspective*. Edward Elgar Pub.

2 피에르 레비 지음, 권수경 옮김(2002). 《집단지성-사이버공간의 인류학을 위하여》. 문학과지성사.

3 Farnworth, E. R.(2008). *Handbook of fermented functional foods*. CRC Press.

4 Pierre, G.(1982). *Depuis quand?: les origines des choses de la vie quotidienne*. Berger-Levrault; 최현주·김혜경 옮김(2006). 《세상을 바꾼 최초들》. 하늘연못.

5 http://nutrijournal.danone.com/en/articles/stories/history-ofyogurt/.

6 The food timeline, http://foodtimeline.org.

7 Metchnikoff, E.(2004). *The Prolongation of Life: Optimistic Studies*. Springer Publishing Company.

8 Fisberg, M. & Machado, R.(2015). History of yogurt and current patterns of consumption, *Nutrition Reviews*, 73(1).

9 송상근(2011). "요구르트 먹기 전 찬물 마시면 '유산균도 장수'", 《동아일보》(2011년 6월 27일 자).

10 김소영·정헌수·김영찬(2006). "빙그레 요플레의 시장 선도적 신제품 마케팅전략", *ASIA MARKETING JOURNAL*, 8(3).

11 임웅(2004). "고대 로마의 기아와 빵 그리고 정치: 공화정 후기와 원수

정기를 중심으로", 《역사와 담론》. 제34호.

12 두산백과/네이버: 빵의 요리. https://terms.naver.com/entry.nhn?d
ocId=1186366&cid=40942&categoryId=32129.

13 Pierre, G.(1982). *Depuis quand?: les origines des choses de la vie
quotidienne*. Berger-Levrault; 최현주·김혜경 옮김(2006). 《세상을 바
꾼 최초들》. 하늘연못.

14 농림축산식품부·한국농수산식품유통공사(2014). 2014 가공식품 세분
시장 현황조사: 양산빵 시장.

15 농림축산식품부·한국농수산식품유통공사(2018). 2018 가공식품 세분
시장 현황: 빵류 시장.

16 김춘동(2016). 〈한국 빵 문화 변천의 사회문화적 과정〉, 《민주주의와
인권》. 16권4호.

17 Wikipedia: Edward Bernays. https://en.wikipedia.org/wiki/
Edward_Bernays.

18 Wikipedia: Torches of Freedom. https://en.wikipedia.org/wiki/
Torches_of_Freedom.

19 Gunderman, R.(2015). The manipulation of the American mind:
Edward Bernays and the birth of public relations. *The
Conversation*(2015. 7. 9).

20 Bernays, E.(2004). *Propaganda*. Ig Publishing.

21 Lum, K., Polansky, J., Jackler, R. & Glantz, S.(2008). Signed,
sealed and delivered: "big tobacco" in Hollywood, 1927-1951.
Tobacco Control, *17*.

21 Lum, K., Polansky, J., Jackler, R. & Glantz, S.(2008). Signed, sealed
and delivered: "big tobacco" in Hollywood, 1927-1951. *Tobacco*

Control, 17.

22 Encyclopædia Britannica: Bacon. https://www.britannica.com/topic/bacon.

23 강준만(2013). 〈PR은 대중의 마음에 해악을 끼치는 독인가: 에드워드 버네이스의 '이벤트 혁명〉. 《인물과사상》, 186.

24 Wikipedia: Edward Bernays. https://en.wikipedia.org/wiki/Edward_Bernays.

25 Bernays, E.(2004). *Propaganda*. Ig Publishing.

26 최홍규(2015). 《푸드 커뮤니케이션 전략》. 커뮤니케이션북스.

Part 5

1 Carlo, E.(2015). 13 Foods You Should Never Order On A First Date. *BuzzFeed*(2015. 6. 10). https://www.buzzfeed.com/emilycarlo/13-foods-you-should-never-order-on-a-first-date?utm_term=.qwWBabGrr#.ftoO0RWGG.

2 한국마케팅연구원(2015). "데이 마케팅(Day Marketing)". 《마케팅》, 49권 11호.

3 한국세시풍속사전/네이버: 밸런타인데이. https://terms.naver.com/entry.nhn?docId=1023170&cid=50221&categoryId=50233.

4 임수진(2015). "대한민국은 '데이(Day)마케팅' 시대". 《주간현대》(2015년 11월 6일 자). http://hyundaenews.com/17373.

5 한국민속대백과사전/네이버: 농업인의 날. https://terms.naver.com/entry.nhn?docId=1023293&cid=50221&categoryId=50232.

6 이지현(2016). "11월 11일 빼빼로데이라구요? 가래떡데이입니다!". 《브릿지경제》(2016년 11월 3일 자).

7 송욱(2018). "[리포트＋] '오늘이 로즈데이?'⋯유래도 알 수 없는 '데이 문화', 어디까지 챙겨야 하나", 《SBS 뉴스》(2018년 5월 18일자).

8 제일기획(2013). "톡톡 튀는 아이디어가 만든 빼빼로데이"(2013년 11월 5일자). https://blog.cheil.com/7921.

9 《조선비즈》(2014). "빼빼로데이 마케팅효과는 발렌타인데이의 9배⋯매출 8308% 신장"(2014년 11월 10일 자).

10 시사상식사전/네이버: 광군제. https://terms.naver.com/entry.nhn? docId=2009597&cid=43667&categoryId=43667.

11 김외현(2018). "알리바바, 중국 지도부도 기뻤을까⋯ 광군제 또 사상 최대 매출", 《한겨레》(2018년 11월 12일 자).

12 롯데월드 어드벤처 레스토랑 안내. http://www.lotteworld.com/app/ restrnt/list.asp?cmsCd=CM0057&mode=&currtPg=2&pCategCd =A0401&pCategCd=A0402&pCategCd=A0403&pCategCd =A0404.

13 서울랜드 음식점. http://www.seoulland.co.kr/joy/restaurant.asp.

14 서울시설공단 어린이대공원 음식점. https://www.sisul.or.kr/open_ content/childrenpark/introduce/facility_food.jsp.

15 한국프로스포츠협회(2017). "4대 프로스포츠 관람객 성향조사, '팀 응원문화' 만족도 1순위⋯ '식음료 구입', '주차시설' 낮은 만족"(2017년 4월 6일 자 보도자료).

16 평창동계올림픽 조직위원회(2018). PyeongChang 2018 푸드비전.

17 한국맥도날드(2018). "맥도날드 강릉 동계올림픽 파크 매장, 오픈 열흘 만에 8만 1천여 명 방문"(2018년 2월 21일 자 보도자료).

18 김승수(2018). "[Let's go 평창] 맥도날드, 평창 동계올림픽서 햄버거 세트 모양 매장 선보여", 《중앙일보》(2018년 1월 13일 자).

19 Zolfagharifard, E.(2015). The Super Bowl binge: Americans eat 2,400 calories of junk food during the game-with the average shopping bill boosted to $ 150, *Daily Mail*(2015. 1. 28).

20 Ferdman, R.(2015). The crazy amount of calories Americans eat during the Super Bowl, in one chart, *The Washington Post*(2015. 1. 28).

21 Beardsworth, A. & Keil, T.(1997). *Sociology on the menu: An invitation to the study of food and society.* Routledge.

22 트렌드모니터(2016). 〈2016 맛집 및 미슐랭 가이드 관련 조사〉, 엠브레인, https://www.trendmonitor.co.kr/tmweb/trend/allTrend/detail. do?bIdx=1537&code=0301&trendType=CKOREA.

23 공제욱(2008). 〈국가동원체제 시기 '혼분식장려운동'과 식생활의 변화〉, 《경제와 사회》, 77권.

24 이덕우(2012). 〈근대화 이후 외식에 관한 시대적 담론과 인식의 변화〉, 《중앙민속학》, 17권.

25 박현우·나건(2015). 〈1인 가구의 소비 패턴을 반영한 외식업 서비스 방향 연구: 2030 세대를 중심으로〉, 《디지털디자인학연구》, 15권 3호.

26 영양학사전/네이버: 반조리식품, https://terms.naver.com/entry.nhn ?docId=369640&cid=48160&categoryId=48160.

27 강창동(2014). "1인 가구 증가 도시락 인구에 주목하라", 《한국경제》 (2014년 4월 7일 자).

28 윤영일·하동현(2016). 〈외식 기업의 SNS 정보품질이 지속사용결정요인에 미치는 영향〉, 《호텔경영학연구》, 25권 3호.

29 노정희·전수현(2014). 〈왜 외식소비자들은 페이스북에 후기를 작성하는가?: 후기작성 동기와 그 동기가 기억재구성으로 인해 끼친 인식변화에 대한 고찰〉, 《한국콘텐츠학회논문지》, 14권 8호.

30 김현경(2016). "외식과 집밥 사이… ¥외식이 뛰어온다", 《헤럴드경제》 (2016년도 12월 12일 자).

31 Greeno, C. G. & Wing, R. R.(1994). Stress-induced eating. *Psychological Bulletin*, Vol. 115.

32 Singh, M.(2014). Mood, food and obesity, *Frontiers in Psychology*, 5.

33 Pool, E., Delplanque, S., Coppin, G. & Sander, D.(2015). Is comfort food really comforting? Mechanisms underlying stress-induced eating. *Food Research International*, 76(2).

34 성은주(2005). 〈스트레스는 과연 비만의 원인인가〉, 《스트레스연구》, 13권 3호.

35 홍지혜·김성영(2014). 〈고등학생의 스트레스 강도와 식행동과의 상관성〉, 《한국식품영양과학회지》, 43권 3호.

36 김아람(2015). "미혼남녀가 생각하는 이성의 아까운 지출은", 《연합뉴스》(2015년 4월 28일 자).

37 트렌드모니터(2012). 〈2012 데이트에 관한 조사〉, 엠브레인, https://trendmonitor.co.kr/tmweb/trend/allTrend/detail.do?bIdx=947&code=0401&trendType=CKOREA.

38 김동호(2017). "결혼정보업체 듀오, 2030 데이트 트렌드 공개", 《서울경제》(2017년 11월 17일 자). http://www.sedaily.com/NewsView/1ONM54L3Q7.

39 *Huffingtonpost*(2013). Food And Love: How They Are Linked In The Brain(2013. 1. 6), https://www.huffpost.com/entry/food-and-love_n_2410936.

40 Fisher, M.(2011). The Relationship Between Sex and Food: There is a close relationship between love, sex and food, *Psychology Today*

(2011. 2. 9), https://www.psychologytoday.com/intl/blog/love-sevolver/ 201102/the-relationship-between-sex-and-food.

41 권현수(2017). "결혼정보회사 가연, 이성의 호감 가는 취미생활은?", 《머니투데이》(2017년 4월 5일 자).

42 정열(2017). "그 많던 패밀리 레스토랑이 사라졌다… 그 이유는", 《연합뉴스》(2017년 3월 1일 자).

Part 6

1 최홍규(2017). 《소셜 빅데이터 마이닝을 활용한 미디어 분석 방법》. 커뮤니케이션북스.

2 W hitehorn, M.(2016). The parable of the beer and diapers, *The Register*(2016. 8. 15), https://www.theregister.co.uk/2006/08/15/beer_diapers.

3 Swoyer, S.(2016). Beer and Diapers: The Impossible Correlation, *TDWI*(2016. 11. 15), https://tdwi.org/articles/2016/11/15/beerand-diapers-impossible-correlation.aspx.

4 박상경(2017). " '불금'에는 한잔! … 2030이 '소맥 폭탄' 더 즐겨", 《매일경제》(2017년 7월 21일 자).

5 ㈜타파크로스 TrendUp 엔진에서 검색(2015년 4월 18일~2018년 4월 18일의 데이터 수집), http://social.trendup.co.kr/.

6 Google Books Ngram Viewer: food, nutrition, nourishment, cuisine, https://books.google.com/ngrams.

7 ㈜타파크로스 TrendUp 엔진에서 검색(2015년 4월 18일~2018년 4월 18일의 데이터 수집), http://social.trendup.co.kr/.

8 네이버 검색엔진에서 검색(2015년 4월 18일~2018년 4월 18일의 데이터 수

집), https://search.naver.com/search.naver?where=post&sm=tab_
jum&query=%EB%A8%B9%EB%8B%A4&nso=so%3Ar%2Cp%
3Afrom20150418to20180418%2Ca%3Aall.

9 보건복지부·질병관리본부(2014). 〈2013 국민건강통계〉.

10 ㈜타파크로스 TrendUp 엔진에서 검색(2015년 4월 18일~2018년 4월 18일
의 데이터 수집). http://social.trendup.co.kr/.

11 ㈜타파크로스 TrendUp 엔진에서 검색(2015년 4월 18일부터 2018년 4월
18일까지의 데이터 수집). http://social.trendup.co.kr/.

12 송길영(2015). 《상상하지 말라》. 북스톤.

13 Miller, S.(2013). The Best Time Of Day To Drink Coffee. Co.
Design(2013. 10. 31). https://www.fastcodesign.com/3020940/
thebest-time-of-day-to-drink-coffee.